衣《きぬ》の声《こえ》

きものの本流を見つめて

木村 孝

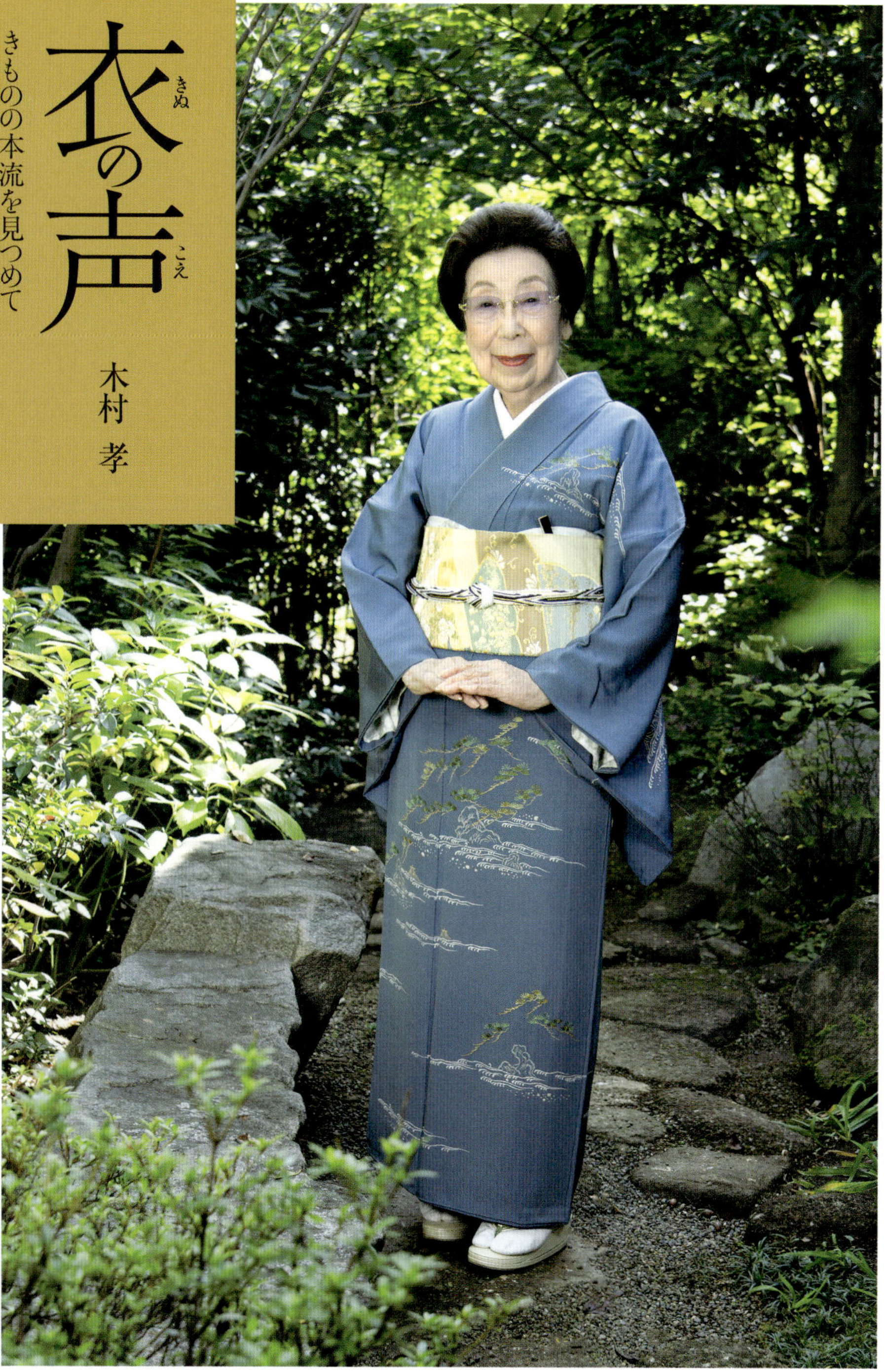

平緒《ひらお》を意匠化した訪問着に能装束写しの袋帯で格調高く

このカラーページで私が着ている数点のきものは、地色から図案まで、すべて木村孝好みで誂えたものです。左の訪問着は京友禅の老舗「千總」製。地色は私が好んでいる柳の裏葉色で、地紋は有職文様の小葵文。模様は、お雛様の男雛の前中心に下げられている平緒と呼ばれる細帯を、私の希望で横段に表現してもらったものです。帯には鳳凰、桐などの吉祥文様が表されていますので、茶事・茶会のほか、格が求められる式典やパーティなどによく着ております。この日は、細川家の能装束が織り上げられた重厚な趣の袋帯に、明るいグレーと金の帯〆を合わせました。帯〆は「龍工房」で、私はほとんどここのものを選んでいます。

前ページ／著者最後のきもの姿。爽やかな瑠璃《るり》色地に松島の風景が表された一つ紋付訪問着に中啓が織り上げられた優美な袋帯を取り合わせて。「自然の風景を着る」ことができる衣装は、日本のきものの特徴のひとつです。きものは京友禅の「千總」、袋帯は「川島織物」

茶屋辻模様の絽の訪問着は華やかな社交のシーンに

白地に手描き友禅で茶屋辻模様を表した絽の訪問着は、私が若い頃に作ったものです。祇園祭の宵山に着ようと、京都の親類で誂えて染めたもの。私が生まれ育った京都中京区あたりは染織に携わる家が多かったこともあり、祇園祭の宵山にはお友だちと揃って絽の振袖を着たものです。この茶屋辻模様は、武家の女性が夏に着る正装の帷子《かたびら》によく使われた題材です。白地に藍で水辺風景や橋、家屋、樹木、草花などが精緻に染められ、そこにほんのり挿した錆朱が映えています。有職文様の紗袋帯に菱模様の帯〆でさらに格を高めました。このきものは外国の方がいらっしゃるパーティによく着て行きます。帯は「川島織物」、帯〆は「龍工房」。

夜のパーティのために誂えた黒地訪問着はドレス感覚で

パーティやオペラ、コンサートなど、夜の華やかな場に出掛けるときのために誂えた訪問着です。金通し地を黒地に染め、その上に模様を京繡で表しました。模様は鬘帯《かずらおび》を意匠化したもので、中に桜や菊、桐、亀甲、七宝などの模様を配した、ややモダンな趣のある一枚に。おめでたい模様を菱に詰めた袋帯に、濃い紫と白の帯〆を取り合わせ、ドレス感覚の装いにしました。袖口から見える長襦袢は、色のきれいなものを心掛けて。劇場の招待席は、会場のなかでも良い席なのですから、いつもより華やかな装いで出掛けます。気に入った着こなしは気持ちをフレッシュにしてくれます。グレー地の袋帯は「川島織物」、帯〆は「龍工房」。

ひとえの紋御召に紋紗のコートを羽織った軽やかな着こなし

ぼかしのひとえの紋御召に紋紗のコートを羽織った、ひとえの季節の着こなしです。ひとえには初夏と初秋の模様がありますが、季節を問わないいきものは応用範囲が広く、重宝なものです。紋御召は、しっかりした地風で着やすいきもの。趣味の会や個人的な集まりなどによく着ております。紋紗のコートは更紗模様。動くたびに模様が透けて見えるところが魅力です。軽いので、この季節の外出に欠かせません。きもの、コートともに「錦の小袖・創琳」製。

はじめに

この度『衣の声』を上梓していただきました。老眼とわかった六十歳で、きもの染色の仕事をやめまして、和装のしきたりや随筆を書くことに専念いたしました。気づけば今年は九十六歳。今までと同じように執筆やカットの絵を描き続けております。月刊誌や季刊誌に連載したものなどを単行本にしてまいりましたが、毎年一冊ではまだ書き足りません。

今回の『衣の声』は長年にわたって「茶道の研究」誌（公益財団法人三徳庵）に連載したエッセイと『美しいキモノ』（ハースト婦人画報社）に掲載した中から選んで、まとめていただきました。

民族衣装のきものを着るときに知っておいてほしい基本の決まりごと、以前は祖母や母から教わった和装を常識として知っておいてほしいのです。当時はあたり前であった暮らしや装いの常識を若い方に伝え継ぐべきと思います。和の本流を今、申し上げておきたいという私の祈りなのでございます。

二〇一六年十一月吉日

木村 孝

目次

第六章
文様の楽しみ 洗練された美意識の結晶 147

● 和装つれづれ

第七章
暮らしの歳時記 日本の伝統美が凝縮した 167

● 孝の覚え書き

挿画◆すべて木村 孝

第一章

今、話しておきたい和装の約束ごと

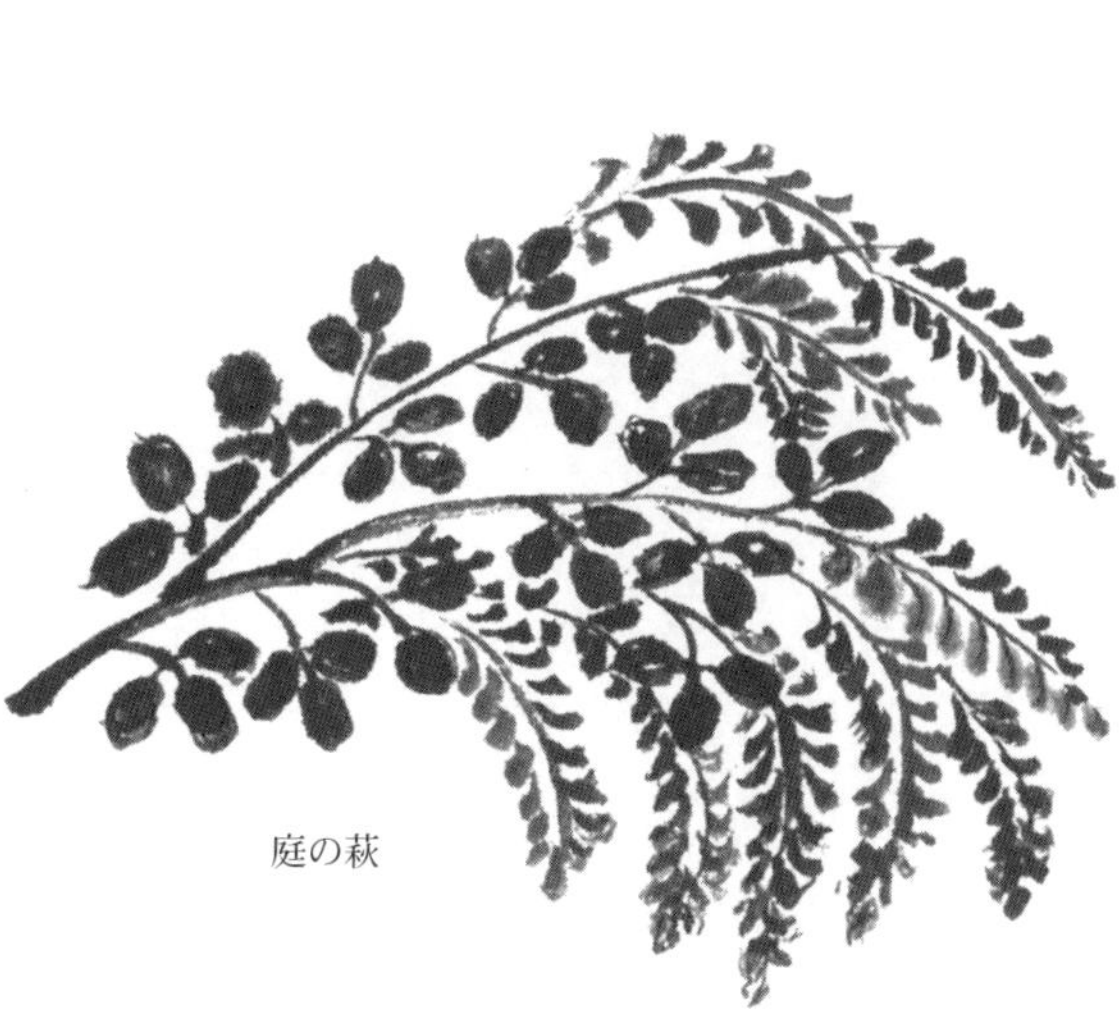

庭の萩

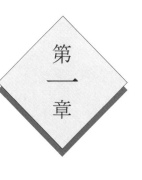

祝儀の装い

仲人・媒酌人を頼まれたとき

結婚という一生の大事な儀式に当たって、仲人を依頼されるのは、人生の先輩として、信頼され、その夫妻の見識を認められてのこと。

そういう大役を引き受ける以上は、誠意をもって務めたいと思う。

ここでは服装のことだけを考えることにする。仲人の男性は、現代では洋服が多いから割合にわかりやすいはずである。

男性の和服の場合は、第一礼装の黒羽二重《はぶたえ》五つ紋付羽織袴。既に手持ちの人があると思うが、きものと羽織は家紋付き。袴は仙台平《せんだいひら》という縞織物を用いる。

近年は貸衣装を利用することも多くなっているが、袴は新郎よりも地味めのものを選びたい。

黒紋付羽織袴の正装は、中年の男性にはよく似合うもので、日本人のどの体型であっても、貫禄があり、見栄えがすると思う。

紳士服の正式礼装は、昼間ならモーニング、夜の正装は燕尾服《えんび》となる。しかし、燕尾服を着用するのは宮中晩餐会、または音楽の指揮者などのほかはあまり着用の機会がない。日本では今のところ、仲人はモーニングで、もし午後三時か四時以降からの披露宴にはタキシードを着る。

最近は簡略化するようになり、若い人などはディレクターズ・スーツを持っているから、略装でという場合もある。これはモーニングの裾を切ったものといえる。黒のダブルの上着、黒とグレーのストライプのズボン。白いネクタイといった今日の日本の略礼装として一般に応用されている。しかし、礼装は敬意を表現するものだから、両家の立場を考えて仲人はできるだけ正式の礼服を着てほしい。

仲人夫人の正式礼装は黒留袖。五つ紋付の黒地裾模様（江戸褄《づま》と呼ぶ人もある。江戸褄模様のことで、もとは上前下前《うわまえしたまえ》の衽《おくみ》から前身頃《まえみごろ》にかけて模様を染め出したものが多く、江戸褄後掛《うしろかか》りという、後ろにも模様が流れているものもある。今日の裾模様と同じようなことになるが、模様の名称を呼ぶものである。きものの形から呼ぶと留袖ということになり、黒地が黒留袖である）。

昭和初期頃は白の下着を重ねていたが、今では二枚重ねているように見える比翼《ひよく》仕立てである。必ず白衿のこと。長襦袢は白。

帯は袋帯で礼装用の文様を。帯あげと帯〆は白だが、組紐に金糸、銀糸を入れたものが多くなっている。帯あげも白綸子《しろりんず》のほか、白絞りや金銀箔加工、金銀刺繡入りもあり、美しい品ができている。

バッグと履物《はきもの》は金銀の織物などのセットもあるが、必ずしもセットでなくてもよい。草履《ぞうり》のほうは金や銀のエナメルや無地の織物でもよい。

仲人夫人は花嫁に付き添うとき、バッグは控え室やクロークなどに置くことになる。会場で持つのは小さいものがよい。道中には別の袋物を持つようにする。

花嫁を引き立てるように、と言う人もあるが、花嫁とは年齢も違い、両家の母親とは立場にも差があるから、控えめにするよりも、祝儀の日として喜びの気持ちを込めて、充分に華やかに装いたい。

宝石の帯留があれば、帯に似合うものを合わせるとよい。髪飾りの宝石や鼈甲《べっこう》も使うとよい。ただし鼈甲はシロと呼ばれる斑《ふ》のないものを用いる。

仲人が堂々としているほうが、新郎新婦を引き立てると考えられる。

祝儀の日に忘れてならないのは扇子である。男性は白扇を持つ。

関西では紳士が洋装でも、正式のご挨拶には扇子を携えて行く。

夫人の扇は、金銀に黒塗骨の祝儀扇を帯に挿す。持つときも金が外側になるようにする。

洋装は流行があるが、昼間ならイヴニング・ドレスは着ないことになるのだが、日本では正装としてロングドレスを着る人が多い（米国の習慣では結婚式に黒のドレスは着ない）。その地方の慣習に合わせるようにするため、何ごとも前もって服装の打ち合わせをするのが大切ではないかと思う。

祝儀袋

回礼の小菊紙

親族の女性が出席するとき

結婚式を近頃は略式にしたり、軽く考えるのが新しいかのように言う若い人もあるようだが、古くから婚礼と言って厳粛な儀式である。

近親者はできるだけ正しい装いでありたい。結婚式に列席するときの母親、仲人夫人、親族の既婚婦人などは、黒留袖を着る。

黒留袖については、既に書いたが既婚婦人の第一礼装である。

色地の五つ紋付は、留袖も黒留袖と同格の第一礼装である。というと黒留袖と色留袖はどう違うのかと問われる。

黒留袖は第一礼装ではあるが、受勲などで夫妻が宮中へ伺うときは、色留袖を着ることになっている（白衿紋付のこと）。

また、春秋の園遊会を赤坂御苑で催されるときは、ほとんど色留袖で、なかには紋付の訪問着の方もある。

一般には黒留袖が第一礼装となる。色留袖は披露宴に招かれた場合の礼装となっている。

このように、和服はしきたりをいうので面倒と思い込む人もあるようだが、しきたりがあるゆえに迷わなくてもよいのである。約束ごとがあるから、かえって助かるといえる。正しいよりどころがあるからこそ、安心ともいえる。

その点では流行のデザインを追う洋服となると、とても不安になり、迷いも多いのではないだろうか。きものの礼装という基本があるのは、ありがたいことと思っている。

しかし、時代の移り変わりとともに、多少の変化はあるもので、もう一度その辺を考えてみたい。

未婚の姉妹が式に列席するときは、第一礼装は振袖。近年の振袖は紋を付けなくなっているが、振袖という形態が礼装となる。本来なら振袖にも紋を付けたものだが、今は華やかな総模様がほとんどで、紋は見えなくなるので付けなくてもよいというように変わってきた。

振袖でも上半身が無地の場合は、繍紋《ぬいもん》でもよい。また花の丸などの飾り繍紋でもよいから付けておきたい。

妹の結婚式に、未婚の姉が振袖を着たくないということもある。振袖は似合うと思えば年齢に関係なく着てよいのだが、抵抗を感じるようなら、色留袖を着るのがよい。

このときの色留袖は、明るく華やかで格調のある模様を選びたい。

訪問着に紋を付けたものでもよいのだが、やはり準礼装である。第一礼装の色留袖の用意があれば、この先、重宝《ちょうほう》に役に立てることができる。

既婚の姉妹であっても、まだ若く、結婚して間もない人の場合は、黒留袖を着たくないと思うようで、また確かに似合わないものである。

といっても振袖をいつまでも着ているのは、未練がましいとも言われそうで……。そんなときに色留袖の仕度があれば安心。

同じ色留袖でも、若いうちは派手な袋帯を取り合わせ、十年もたてば袋帯を取り替えることで落ち着いた感じに着こなせる。

体型による模様の選び方についていろいろ言うが、まずは背の高さに従って、模様の位置を考えるようにしたい。

鏡の前で着てみるのが第一で、帯から下のほうが間伸びする場合と、おはしょりにまで模様が入ってしまう場合がある。この辺を注意すればよいが、細く見せたいとか背を高く見せたいなど考えず、着る人に調和するかどうかを考えたい。留袖なら、ふくよかな方のほうが貫禄があってよい。背の高さなどは問題ではなく、着る人の身のこなしのほうが大切ではないかと思う。

貸衣装が流行しているが、何度も借りるとなれば経済的かどうか疑問である。

和服の礼装は何十年同じ品でも着ることができる。同じ家紋が付いていて、祝儀なら派手めでもよいのである。礼装のひと揃いを持っている安心感、満足度を考え合わせたいと思っている。

六月の披露宴の装い

ジューン・ブライドという言葉があり、六月にチャペルのある会場で結婚式を、という人も多くなったようである。

和服の礼装にはしきたりがある。それに則っていれば、礼を失わず、秩序ある美しい装いができるという安心感がある。

ところが近頃では、六月から九月までのひとえや薄物《うすもの》の季節の結婚式に、袷仕立ての礼装なら用意はあるが、普通は夏の留袖までは持たないものである。

つい先日も若い人からの質問があった。

「六月にお友だちの結婚披露宴があるのですが、袷の振袖はありますが、六月はひとえ仕立てのきものでないといけないのでしょうか。洋服というと、新しいのを求めなければならないと思うのですが……」

若い人が更衣《ころもがえ》のしきたりを知ると、守らねばならないと思うのが当然。しかし、最近の傾向も知っておいてほしいと思う。

季節感を守るとなれば六月からはひとえや薄物のはずではあるけれど、近年は私も六月から九月までの結婚式や披露宴に、袷の礼装を着て出席するようになった。

御案内状をいただけば、すぐに返事とともに先方の礼装をお尋ねする。たいていの場合は、「夏ではございますが、袷をお召しになってください。花嫁はじめ一同袷を着る申し合わせでございますので、お暑い折柄、恐縮で……」

ということになるわけである。暑い季節だからと会場の冷房はよく効いている。

花嫁衣装の重い打掛《うちかけ》を考えると、出席するほうも袷の礼装でも、暑いとは感じない。いつぞや、飾ってある花は季節を忘れさせる華麗さ、紳士の礼服は冬物、婦人の礼装も袷ばかり。会場にいる間はまったく夏であることを感じなかった。お開きになって、車寄せに出て、ようやく外界は盛夏であったのか、と思ったことがある。

今日の結婚式、披露宴では、振袖、黒留袖、色留袖などは袷でよいようになっている。訪問着で披露宴に出る人が迷うようで、ひとえも絽の訪問着もあるものだから、季節感を正しく表したいと言う。ところが出席してみると多くの人が袷。準礼装の袷の訪問着に比べるとひとえや薄物の訪問着は、色調も模様も軽いものである。早く相談しておけば自分も袷なら紋付の訪問着でよいのがあったのに、と残念に思ったと、聞いたことがある。

初めて黒留袖や色留袖を着る人は、緊張しがちで、外側の汚ればかり気にするが、実は内側からのシミを注意したい。涼しい部屋であっても汗になりやすい。また、冬期は暖房が効きすぎて汗をかくこともある。

和服を着慣れた人は既に、体質に合わせた汗の対策があると思うが、着慣れない人こそ、汗の汚れを未然に防ぐよう考えてほしい。

具体的なことはここでは言わないが、市販の汗取りもある。先輩に教えてもらうとよいが、汗をかかないようにするという努力も大切ではないかと思う。水分を多く取れば汗も多くなる。きものを着る日は飲み物を控えめにしたい。

汗取りなどの対策をして外出すれば、あまり心配はないはず。また、着つけ前日にすべての必要な品を用意しておくのは、基本的なことである。

道中も時間に余裕をもち、慌《あわ》てることのないように心掛けたい。

このように季節感よりも、一同の和を大切に考える装いは、結婚式、披露宴の場合だけである。

一般のパーティは六月や九月に多い。集まる主旨や会場を考え合わせて季節のきものを着たい。言うまでもないことながら、お茶会にはひとえと薄物は着分けること。まだ、用意のないお嬢様方にはひとえのことを正しく伝えてほしい。

スポーツなどのためには何かと仕度を整える若い人である。夏物の色無地のきものや帯は、洋服に比べると、さほど高価とは思われないし、長く用いられるから、だんだんと揃えるようにしたいものである。

夏の着こなしと心がまえ

「七夕《たなばた》」は旧暦の七月七日であれば、秋めく夜空に天の川がよく見えるはずだが、現代の新暦では梅雨期の曇り空のことが多い。

しかし、今なお旧暦を意識して八月になってから行われている青森のねぶたや秋田竿灯《かんとう》、仙台の七夕、鹿児島の七夕踊《おどり》などは、晴天となり、盆の行事の始まりとなっている。

「乞巧奠《きこうでん》」は、天平時代に始まり、平安時代に盛んになった宮中の行事だが、中国から伝えられた奠《まつり》で、旧暦七月七日に行われる。

古くから牽牛《けんぎゅう》星は農事を、織女《しょくじょ》星は養蚕と糸や針仕事をつかさどる星と言われた。

宮中では清涼殿の庭に机四脚を置き、桃、梨、瓜、茄子、六角豆、大豆、薄あわびなどを供え、ひさぎの葉に五色の糸を通した七本の針を刺し、香をたき、琴をかなで、星を眺めながら詩歌を作るという優雅な行事であった。

民間では地方によって異なるが、裁縫が上達するよう織女に祈る女子の星祭りとなった。

江戸時代の友禅染の模様に、笹竹に短冊を付けた図柄に流水というもの、また筆と梶《かじ》の葉を模様としたものなどがある。梶の葉は文字を書くのに適した葉と言われ、天の川を渡る舟の楫《かじ》と梶の名を掛けたのである。

さて、夏の礼装のなかで、貸衣装を利用するとよいというのは、喪服だけといえる。

正式な夏の喪服を用意している人は少なくなったようで、若い人は安易な貸衣装を用いることが多い。

夏物は汗になる。洗える化繊などもあるが、絽の薄い生地であっても、絹に比べると暑いことを覚悟しておいてほしい。

貸衣装の場合、それを着つけてもらう美容室を通して借りると、腰紐から帯板まで、すべてが用意されているようである。自分の肌着と足袋だけ持って行けば装いが出来上がるという手軽さに馴れてしまうのだが、それだけで和服を着たと思うのは問題と思う。

最近では礼装となると、自分で着られないからと美容室に行かれるようだが、聞いた話をまとめると、若い人だけでなく、その母親がきものについて知らないから大変らしい。

着る前に衣服にシワがないかを調べるのは、男女、和洋服ともに当然のことと思うのだが、手持ちの振袖を簞笥から取り出したまま持ち込まれると、たたみジワのあるものは、アイロンでも簡単に取れなくて困るとのこと。

これはしまうときの不注意で、あらゆる衣服について同じ注意が必要である。化合繊のシワにならない洋服に馴れてしまって、和服をたたむときの注意や、大切にすべき絹への思いやりが欠けているのではないか。

貸衣装なら小物が揃っていてよいのに、自分のきものだと、腰紐まで用意するのが面倒という若い人がいたと聞く。思い違いというか、きものを買ってもらった親への感謝がないというべきか、困ったものである。

手持ちの振袖に帯まで用意されたけれど、長襦袢に半衿を掛けていなかった人があるかと思えば、変わり結びにしてほしいと言いながら、紐類の用意のまったくない母親。腰紐をたくさん持って来られたが、祖母の品らしく汗じみた古い紐ばかり。成人式なら新しい腰紐を買い与えてほしいのに、高価なきものと不釣合の使いにくい紐を持たせる母の感覚がわからないという話など。あまりにもおかしな話を聞くもので、つい言いたくなった。伝統のことを正しく学ばなければ、国籍不明の若い人がそのまま大人となる。きものは着ればよいだけではない。きものを身にまとうまでのプロセスに女性の心配りが含まれ、生かされるものと思う。

本来は母が伝えるべきことだが、戦後の我が国では、外来の流行を取り入れることが急で、「和の美」を見過ごしていた人もいるらしい。

茶道の先生方の和の知識こそ、母たちに代わって伝えていただきたいことである。そして、ついでに、こんな世間話があったと、当たりさわりなく若い人へ注意を促してほしいと思う。

家紋　梶菱紋

梶の葉

紋のこと

家の紋章

新年は、家紋を付けた漆器類が取り出されるときである。

一般の人々がそれぞれの家の紋章を持っているというのは、日本人だけなのである。

「家紋」という言葉の意味や、生まれた家の紋の名さえ知らない若い人が多くなってきた。

およそ九百年もの歴史を持つといわれる家紋には、暗示的な意味も含まれている。

沼田頼輔《ぬまたよりすけ》博士著『日本紋章学』の分類や丹羽基二《にわもとじ》先生の『家紋』を参考にさせていただいた。

一、尚美的な意味

家紋に花などの優美な図案を用いている。優美な心で美しいものを愛し、平和を好んだ祖先の生き方が感じられる。

二、指示的な意味

連想的な表示によるもので、わかりやすい表現をする。たとえば吉野氏は桜の紋、井上氏が井桁《いげた》の紋を用いるなど。

三、瑞祥的な意味

延命長寿、幸福招来、子孫繁栄というような縁起の良い紋。松、竹、梅、鶴亀、寿など。

四、記録的な意味

祖先の発祥地を記念するものや、家門の誇りとなるようなこと。那須与一《なすのよいち》が扇の的《まと》を射たことを記念して、子孫の千本《ちもと》氏が「扇に日の丸」の家紋を用いたことなど。

五、尚武的な意味

武士の尚武的な精神より出たもので、刀剣、弓矢（鷹の羽）、箙《えびら》などがある。

六、信仰的な意味

武士たちは戦勝と子孫の繁栄を願い、「戦いの神」に祈りを込めた。

信仰を宗教別に分けてみることにする。

「神道系のもの」

熊野権現、春日神社、諏訪明神、天満天神などがある。神木《しんぼく》や神紋、または神使《しんし》（鹿、鳩、烏、狐など）や神具や建築物の千木《ちぎ》、堅魚木《かつおぎ》または稲紋などもあった。

「仏教系のもの」

妙見菩薩《みょうけんぼさつ》信仰の対象となった星辰《せいしん》、仏法具現の武器としての輪宝《りんぽう》、錫杖《しゃくじょう》などがある。

「キリスト教系のもの」

十字架をシンボルとするが、日本では久留子《くるす》紋ともいう。武士のなかでも、高山、池田、中川などはクリスチャンであったが、徳川時代に禁止されてから、轡《くつわ》紋や十の字の紋として使用。

「儒教系のもの」

「周易」から取り入れたものが多い。八卦《はっけ》、算木《さんぎ》、太極図《たいきょく》、円相《えんそう》など。

「まじない系のもの」

九字、十字、籠目《かごめ》など、民間信仰として古くからあるもので、厄除けに用いたりした。


平安時代の公家は、調度品や自家用車ともいえる御所車《ごしょぐるま》（牛車《ぎっしゃ》）に、装飾と目印のために美しい紋章を付けて、由緒ある家柄を誇った。

武家は戦場で敵味方を見分けるため、遠くからでも判別ができる単純で鮮明な図柄の紋を、旗指物《はたさしもの》や幕に付けている。

室町時代後期からは、武士の大紋直垂《ひたたれ》、肩衣《かたぎぬ》など衣服に家紋を付けるようになった。

平和な江戸時代になると、戦の旗印としての紋は必要ではなく、装飾的なものへと変わっていく。庶民も武家も紋を真似て、格式や家柄にこだわらず町人の好みの新しい紋を創作した。

歌舞伎役者や遊里《ゆうり》などでは、洒落《しゃれ》や絵解きといった奇抜な紋を流行《はや》らせたりしている。

「定紋《じょうもん》」というのは、武家が幕府に届け出てある紋。「替紋《かえもん》」「裏紋《うらもん》」は非公式用の好みのこと。「女紋」とは、女性の衣服に紋を付けるようになった江戸初期以降、男性の紋とは別に優しい感じの紋をデザインして用いた。藤、梅、桔梗《ききょう》、蔦《つた》、菊、蝶などを優美に繊細に付けるようになった。「伊達紋《だてもん》」は花模様や器物の紋を、友禅染や刺繍《ぬい》で付けたもの。今日では加賀紋と呼ぶ装飾的な刺繡紋となっている。

白と黒の美しい意匠

日本の家紋は、モノクロという印象が強いように思う。

第一礼装の場合、男性は五つ紋付黒羽二重であり、既婚女性は黒留袖の五つ紋付となる。

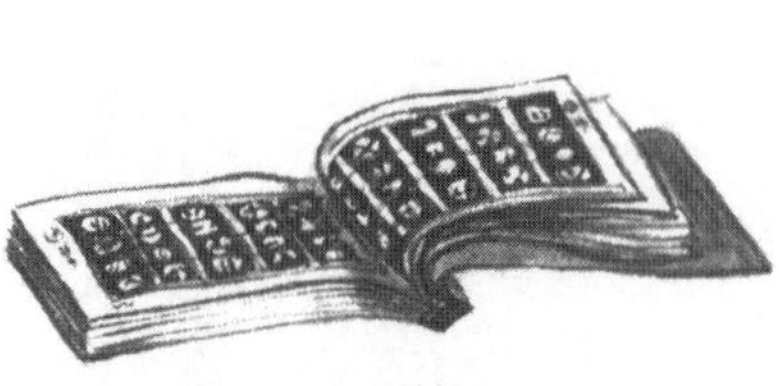

紋帖

いずれも黒地の上に、くっきりと白く家紋や女紋を染め抜いたものである。
「紋帖」という日本の紋章を集めた本がある。江戸時代の紋帖が今も手元にあるが、その和綴《わとじ》の形を、現代もそのままの形として残し、和紙は洋紙に変わったが、目次などはそのままで、いろは順に配列している。これは呉服を扱うところには置いてあるから、見る機会はあるはず。黒白の印刷で五千種近くの紋章があるが、その中には皇族の御紋から暖簾《のれん》や法被《はっぴ》の背字紋、衿字紋、そして商標まで収められている。

書店にはないと思われるが、百貨店の呉服部なら現代の紋帖といえば、気楽に見せてくれる。そういう紋章のデザイン集を見なくても、衣服に付けてある家紋を思い出してほしい。

普通の染め抜きの家紋は色彩がない。しかし、素晴らしいデザインは簡潔であって力がある。衣服に用いるため小さくまとめられているので、余分な線を削り取ってはいるが、ときには色彩さえ感じさせるほど、生き生きとした植物や動物、器物の紋章である。

紋章を見れば、地域や伝統の出所がわかるというが、ただ見ているだけでも美しく優れたデザインで、黒地に白が清楚と感じる。

ヨーロッパの紋章は、王家、貴族または武力や名誉を表し誇示するものといえる。領土的な実力を示す意味では各国ともに同じといえるのだが、民族の違いはテーマにある。

鳥なら最強の鷲《わし》、妍《けん》を競う孔雀、動物のなかではライオン、狼、熊、鹿、またはサソリやトカゲも紋章に出てくる。

楯《たて》や冑《かぶと》飾り、旗として用いる紋章だから、表現方法も違うわけだが、今日でも見る旗は濃厚な色彩で、刺繡も盛り上げの豪華なものばかりである。刺繡だから使えるのだが、金、銀を必ず加えている。衣服に使うことはない。

植物の代表は薔薇《ばら》と百合、この紋章には歴史や物語で知る昔の戦争の印象が残る。あえて言い添えたいのは、日本のように一般の人が家紋を持つことはない。

紋章の意義を考えてみるのは興味深い。さらに日本の家紋と文様のことも考えてみたいものである。

さて、今日の衣服に生きる家紋のことを、さらに詳しく見てみると、黒地の第一礼装には、祝儀用の留袖と不祝儀用の喪服とがある。

黒の染料は堅牢で色が抜きにくいために、染めるときに紋の位置に、白い円形を染め残す。求めた人の家紋をこの白く残した紋の部分に描き入れるようになっている。

これを専門用語で、「石持《こくもち》」と呼んでいる。紋所《もんどころ》の名に黒餅があり、白餅もあるが、今はほとんど使わない。「こくもち」は何石かの扶持《ふち》を受けるが、「しろもち」なら城を持つに通じると、秀吉が言ったとか。紋にちなむ伝説のひとつ。

黒地の場合は、丸い部分に墨《すみ》で描き込むから、白く染め抜いた既製品であっても、紋章の形はきれいに仕上がる。

ところが周囲が丸でない紋や、女紋でも特に変わった紋の形の場合は、黒に染める前に紋の部分を糊やゴム糊で保護しておかねばならない。つまり誂えて染めることになる。

家紋の大きさは、明治時代の衣服を見ると相当に大きいが、最近では男物三・五センチくらい。女物二・六から二・八センチくらいの小ぶりとなっている。

こんなに小さいから黒地なら変わった紋でも、あまり目立たないように上絵《うわえ》（紋の細部を描き入れること）加工ができるのである。

梅蝶

違い鷹の羽

五三の桐

変りねじ梅

男性の礼装と略礼装

紋付を着るということは、礼装を着ることを指すが、紋によって着用する場が異なる。行事に従って多少は違ってくるというと、どこまで簡略化してよいか、礼装について、もう一度考えてみたい、という方が多いようである。

和の礼装のことを、若い人に知っておいてほしいので、男性の正式の装いを書くことにする。男性の第一礼装は、染め抜き五つ紋付で、まずは黒羽二重《はぶたえ》地を、吉凶にかかわらず第一礼装とする。きものは二枚重ねが正式となり、下着は表地と同じ生地を用い、白または薄茶色や薄ねずみ色を重ねて着る。

最近は黒だけではなく、男性も色留袖のように色物の五つ紋付を用いることもあるが、男性の正式は黒である。

また近年は下着を略することもあるが、女性の留袖は下着付きのように見える比翼仕立てを着ている。男性も第一礼装には下着を重ねる。

袴は仙台平《せんだいひら》の縞地、馬乗《うまのり》仕立てと呼ぶ襠《まち》が高く付いていて、裾が広めに仕立てたものを着用する。仙台平は張りがあり、しなやかでシワになりにくい高級袴地（近年は他産地の縞柄の袴地もある）。男性の正式の帯は角《かく》帯。無地の綴《つづれ》織か西陣の紋織などを締める。

「羽織袴の紋服」と呼ぶように、男物は羽織を揃えなければならない。きものと同じ黒羽二重地五つ紋付の羽織。白絹返り房のある丸組か平組の羽織の紐を付ける。半衿は白が正装だが薄色を用いることもある。長襦袢は無地感覚や熨斗《のし》目模様、絵羽模様などを使うが、女物のように白ではない。足袋は白、畳表の白鼻緒の草履。竹骨の白扇を忘れずに用意する。弔事の場合は半衿を濃ねずみまたは紺に。草履は畳表に黒鼻緒、宗派に従って数珠を持つ。昔は弔事にも扇を持って挨拶したが、今では扇を持たなくなっている。きものなどは慶事と同じ。

初釜のときの男性は五つ紋付の正装で、黒羽二重も色羽二重も用いられている。

男性の略礼装は、寒い季節以外は二枚重ねをしないが、五十年以上前は、男性の重ね着に衿元のおしゃれがあった。下着に黄八丈風の格子や小紋風の染物や無地など、ほんの少しのぞく色に凝ったものである。

きものは御召、無地結城紬、微塵《みじん》と呼ぶほど細かい縞紬などを着る。きもの地が紋御召で無地に近い細かい織柄があるものだと、羽織は無地にする。きものと羽織が同質のとき、無地のお対《つい》もよいが、近頃では男物も色を楽しむようになり、きものを薄色にして、羽織のほうを同系色の濃い色にすることが多い。同系色でなくて、配色を考えた渋い取り合わせを楽しむこともある。

男のきもの地は御召地や紬ばかりであったが、近頃は江戸小紋を染めた男物もある。これはやや遊びの気分が入る趣味のきものと言える。

略礼装には、繡紋《ぬいもん》を付けるが、紬などには白糸よりも地色と配色のよい色糸を使うことが多い。また、光沢のない相良繡《さがらぬい》（表面に結び玉を作り、連ねて紋を表現する刺繡の技法の名）が好まれている。きものよりも羽織には繡紋を付けておくこと。角帯も色の取り合わせを考えたい。

略礼装に仙台平の袴は合わない。袴のための紬地があるから、配色を考えて用意したい。

馬乗袴や行灯《あんどん》袴（襠のない女袴と同じもの）に仕立てるが、寸法を正しく、床上がり四センチくらいで、きものが見えぬよう、きりっと着用したい。長襦袢は絞り染、友禅染、型染などを自由に使い、その半衿の色に感性を見せ、男物にも色気が欲しいところ。最近はおしゃれな男性がきものを着るようになり、ひと揃いあれば何十年も変わらず愛用できるので経済的と考え、質と色調に凝るようになった。

封建時代の羽織の裏の贅沢には理由や意味があったが、近頃の羽織の裏は自由ななかでの男のおしゃれ心を見せるものと言える。

男袴

羽織るもの

情趣ある羽織姿

初冬になると、何か羽織るものが欲しい。以前は十一月上旬には羽織を着て出掛けた。羽織の種類も多く、婦人物では紋付の無地羽織、黒の絵羽織、総絞りの羽織、紗地無双羽織、小紋の羽織、お対の紬の羽織、戦後の丈の短い茶羽織などが、外出には活躍したものである。

近年は羽織を着ることが少なくなった。それは軽い外出なら洋服ばかり、きものは晴着となって、帯付き姿ばかりとなったからと言える。

お茶の席では羽織は着ない。しかしお稽古の道中は羽織を着たものだった。今はコートを用いるようになったうえに、室内は暖房されているので食事や観劇に羽織を着ることもなくなった。

若いときはわからなかったが、羽織は中年以上になると重宝なもので、近頃古い羽織を取り出して、コート代わりに着ることもある。

羽織は横から見た姿が優しくなる。少しばかり衿を抜いて、低めに結んだ帯の上に羽織の線が流れる。腰を隠しながら、羽織の裾線がきもの姿を引き締める。仕立てのよい羽織なら上前《うわまえ》で羽織の衿は裾すぼまりとなってくれる。

年齢が高くなると身体の線を隠したくなるもので、羽織があると安心。とは言え、模様のあるきものに模様を重ねて羽織るのは、少々難しいが、その調和を図るのも、着慣れた人には取り合わせの楽しみともなるのである。


男物の第一礼装と言えば羽織袴。染め抜き五つ紋付黒羽二重のきものと羽織。軽い外出には御召や紬地の羽織。普段着にも羽織があれば、着くずれが目立たない。袖無し羽織も作務衣《さむえ》の上などにベスト感覚で着てみるとよい。

男物は表地が渋いので、裏地に特に凝るようになった。江戸も上方もこの粋なおしゃれは大いに流行して、今も自分だけの肩裏（羽裏）を誂えて染める人がいる。

歌舞伎や新派の舞台で見た人もいるかと思うが、世話女房または粋な女が、男の後ろから羽織を着せかける。男は黙って、袖に手を通す。女は肩に手を掛けながら、羽織の衿元を折り返し、形を整える。男が振り返って、目と目が合う。

その思い入れの場面がたっぷりあって、チョンと柝《き》の音がひとつ入って……。

女が男に羽織を着せかけるしぐさが、情緒のある名場面となる。

今はコートを着せるのは、男性であろうか。

羽織の歴史には諸説あるが、十六世紀中期の武将、三好長慶《みよしながよし》が具足《ぐそく》羽織を注文したとある。この陣羽織が今の羽織の元と言われている。

江戸時代には武士や町衆も羽織を着て、その身丈や袖丈にも流行があり、さまざまに変化を見せるが、幕府の緊縮政策によって、地味なものとなった。

明治、大正の頃はまだ一般の男性もきもの姿が多く、礼装も安定していた。御召や紬類には羽織ときものを同じ生地で、お対として着ていた。女性の羽織は、近世になって着るようになった。官命では「男の日傘と女の羽織は禁じられた」というが、その記録は私は知らない。

羽織姿は深川の辰巳《たつみ》芸者からと、安永三（一七七四）年の『里のをだ巻』にあるという。

明治になって女羽織に縮緬の黒紋付が作り出されたが、明治二十年頃から色の紋付羽織もできたと聞く。

大正の終り頃は、一般女性の外出に羽織が大いに流行した。昭和初期には豪華な友禅染や絞り染、その上に刺繡を加えた羽織が作られた。

昭和十五（一九四〇）年、七・七禁令（奢侈《しゃし》品等製造販売制限規則）公布までの、きもの羽織の華美はご存知の人も多いかと思う。

戦後は、一反の生地を半分ずつ使い、二枚の羽織として着るため、丈の短い茶羽織ができた。やがて世の中が安定して、きものは優雅な民族衣装としてよみがえったが、羽織はあまり着られなくなったようである。

着用の機会が多いコート

振袖や訪問着の用意は早くからされていても、その上に羽織るコートのことは、忘れられがちのようである。

晴着を着る日が晴天とはかぎらない。和洋装ともに、「降らずとも雨の用意」は忘れてはならないと思う。

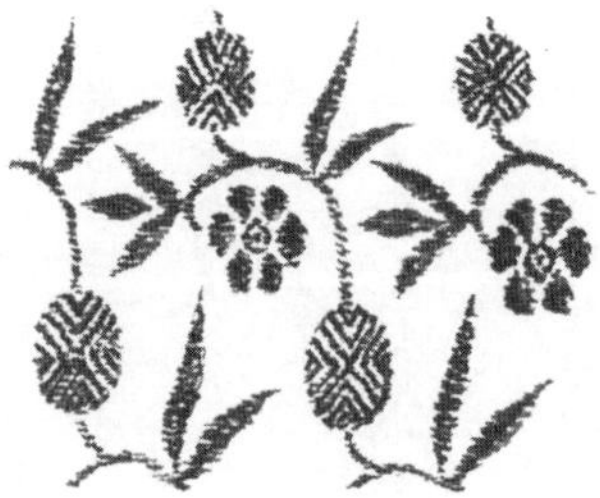

笹蔓文

春雨《はるさめ》、梅雨《つゆ》、時雨《しぐれ》、秋霖《しゅうりん》、寒《かん》の雨と呼ぶように、日本の雨は名さえ美しく詩情がある。雨の多い国と知り、雨のコートだけは必ず用意しておきたい。ひとえ仕立てで一年中着られるから、できるだけ軽く着やすい素材がよい。

絹なら最高だが、雨具だから化合織でもかまわない。しかし一枚作ると二十年も使えるから、飽きのこない色柄、雨の日も明るい気分になるように色調を選んでほしい。

黒留袖を着るのはミセスだから、既に雨のコートは手持ちがあると思うが、若い人の場合は振袖といえばそれだけに夢中で、雨の仕度まで考えが及ばない。これは周囲の者が注意をするべきかもしれない。

という話をしていると、成人式などで貸衣装の振袖とそうでないものとは、雨が降り出すとわかると言う人があった。

親が用意してくれた大切な振袖と思えば、雨に濡らしたくない、泥はねを付けたくないと、「雨を厭《いと》う」心配りが見えるはずなのに、貸衣装だと労《いたわ》る気持ちが見えないということであった。何によらず借りものは注意しないと、物以外の取り扱い方が見られてしまうものである。

洋装の場合、絹の夜のドレスにはコートが付きもの。戸外と室内の温度を調整するためにも必要なものであり、ドレスのままで電車に乗ることはない。振袖は朝の式典にも、午後の会合にも、夜の宴会にも着られる。洋装は紳士服も夜は別である。

和服の礼装や盛装は、時間を問わず着ることができる。こんなに重宝なものはないと思う。

和服のコートは、今日では防寒のために着ることは少なくなって、汚れを防ぐ道中着となった。

季節に合わせてコートを作る贅沢が以前はあった。雨のコートでも盛夏には紗《しゃ》地に防水をして用意する人もある。

袷仕立ての礼装用コート、ひとえ仕立てのコート、紗地や絽地の夏コート、ときには紗無双《しゃむそう》のコート、喪服用のコートなどと、和服ばかりの人はコート好きが多いように思う。

道中着があるとないとでは、まず汚れが違う。お太鼓《たいこ》結びにすると帯の中央は車のシートでいつしか汚れてしまう。袂《たもと》の先も案外擦《す》れやすいもの。薄い色のきものだと汚れた部分がよくわかる。目的地に着くまでは道中着を用いてほしい。

黒無地の喪服用まで用意しなくてもよい立場や年齢なら、とにかく納戸色《なんどいろ》、ねずみ色系統の渋めの色のコートがあれば、慶弔両用に役立つ。

晴着のコートに無地が多いのは、きものの模様の邪魔にならないので、あらゆるときに応用がきくから、好まれているようである。

母の羽織をコートに仕立て直したいという相談がよくある。コートを羽織にすることはできないが、羽織をコートにするのは大丈夫。どんな衿のコートにもなる。

色無地一つ紋の羽織なら、染め直しもでき、衿肩明《えりかたあき》の切り込みを深く下げ、紋を切り落とせばよい。

絞り染の羽織は防水加工をして、コートにすることができる。小紋染の羽織も眠っているようなら、コートにするほうが出番が多くなる。

紬地のコートも軽い外出には丈夫で着やすい。

「道行型」と「きもの衿風」の衿型があるが、礼装か街着かを分けるのは衿型ではなく、素材や色柄が問題である。たとえば道行衿の絵羽模様や無地なら礼装用になるが、紬地の縞や絣だと街着用。

また、きもの衿風であっても能装束を写した豪華な御召地なら、礼装や盛装用に着るものとなる。手持ちの生地や羽織をコートに生まれ変わらせることを考えてみるのも楽しいと思う。

竜胆(りんどう)たすき文

第二章

折節のきもの

おしゃれに着こなしたい

貝尽くし

新春の装い

晴着をまとう喜び

「衣」という字だけなら、「きぬ」とも「ころも」とも読める。どちらも「きもの」のこと。

衣を「きぬ」と読むようになっているが、初めは着る布を「きぬの」といい、それがいつしか略されて「きぬ」になったと言われている。

上古の時代の衣料は、主に麻布であったようで、絹が伝来したのは四世紀以後の頃からではないかと言われる。やがて七世紀頃になると、我が国でも養蚕によって絹が作られるようになり、絹織物ができ始めたが、当時の庶民は麻布しか着ることはできなかった。

絹の織物が作られると、絹の衣服は貴族階級のものとして盛んに用いられ、絹といえば柔らかい感じの高級なきもののこととなった。

衣を「きぬ」と読むことは散文に多いが、歌語では「ころも」ということになる。ころもといえば、すぐに思い出されるのは、

春すぎて夏来たるらし白たえのころも干したり天の香具山（『万葉集』）

また、百人一首でよく知られる、

――わがころも手に雪は降りつつ――

ころも手は、袖のことである。今日ではころもと読めば僧侶や尼僧の法衣を言うようになっている。

さて、今日ではお正月といっても、特に古いしきたりを守る家庭は少なくなったようだが、年改まるお正月くらいは、若い人たちでもできる範囲内の行事はしてほしいものと思う。新年になれば何か新しい布を身に着けるのが昔からの習い。といっても晴着を作ってほしいとは言わない。

白い下着、肌着でよいから新調したいと思う。エプロンでもいい、誰にでもできることで気持ちを引き締めてみたい。

今は子供たちも自由になって、親の言いつけどおりにすることもないようだが、私どもの幼いときは新しいものを身に着けるのは、月の初めの朔日《ついたち》にするのがよいと言われた。何となく

それを守るうちに、月末には始末を、月初めには計画を立てて新しいものに手をつけるという、区切りがつけられるようである。

新年には晴着を着る機会が多い。その用意をするだけでも、心がときめくのは、年齢に関係ないことと思っている。

和服の面白さは、きものという平面とそれを横切る帯の組み合わせ、そして帯あげや帯〆という細い色彩を加えるコーディネイトの自由なところである。

同じ一枚のきものでも、それを着る人の好み次第でまったく異なる帯が結ばれてしまう。その取り合わせは、着る人の性格や個性によって選ばれる。決まりがあるようでない帯合わせは可能性を秘め、感性を育ませる。

洋装なら、デザイナーの手によって大部分が完成されているから、着る人の体格だけの差となるところが、きものは着る人の取り合わせによって、趣味や立場まで見せるようである。

ひと通りのしきたりをわきまえているなら、きものの礼装はとても楽なものと思う。

コーディネイトに迷うときは、自然の配色の妙味を観察するとよいと教えられた。洋服に比べると和服の色合いは、自然に近い落ち着いた色調が多いはず。手元の色彩や模様をじっくり見てほしいものと思う。

紋付のきもので新年のお茶会に出していただく喜びもひとしお。その用意を終えたときこそ、女の心を鎮めるものがある。今の世に、雅やかな「衣選《きぬ》び」をする幸せをかみしめたい。きものを着ることによって得られる心の安らぎを、評価してもよいのではないかと思う。

松(フランス／アール・ヌーボー時代)

染め帯のおしゃれ

「染めのきものに、織りの帯」と言って、礼装の場合は染め抜き紋付のきものに、織物の格のある帯を結ぶのがしきたり。

また、「織りのきものに、染めの帯」とも言う。これはご承知のとおり、結城《ゆうき》紬や大島紬などの織物のきものには、染め帯がよく合う、というような対称の言葉。

そして今、「春は染め帯」の季節になった。染め帯の印象は、柔らかに染めたなごや帯なので季節感が楽しめるものといえる。

以前は紬類の渋いきものに、染め帯で季節の草花のはんなりした彩りを加える、といった取り合わせをしたものである。いわば短冊に俳画を添えるような、瀟洒《しょうしゃ》な趣を持つものが多かった。

ところが、最近の染め帯は多様化している。軽い感じのなごや帯ばかりではなく、染めの袋帯もあり、作家物といえば唐織の袋帯よりも高価な染め帯もある。

生地は今までなら、塩瀬羽二重《しおぜはぶたえ》または縮緬《ちりめん》の帯地でシボの高い生地や紬地が普通であったが、紬地にも金糸を織り込んだ白の帯地ができている。夏物も麻地のほかに、生紬《なまつむぎ》を粗く織ったものや、絹地をさまざまな染め帯地としたものがある。

染めなごや帯も、これまでのように紬のきものに向くとはかぎらない。袋帯の二重太鼓に結ぶ金糸入りの染め帯なら、盛装のパーティ着に使えるように、金箔や刺繡を加えて華麗な袋帯となっている。染織作家の落款《らっかん》も目立つようである。

また、疋田《ひった》絞り染に刺繡の染めなごや帯も高級好みのしゃれ帯として作られている。

染めの種類でいえば、手描き友禅染、型友禅、絞り染、型絵染、ろうけつ染、紅型《びんがた》染、更紗《さらさ》染、刺繡、金箔加工など、あらゆる染めの技を尽くして作られている。

本来、季節感のくっきりした帯は、一年のなかで出番が少ないから、手軽な染め帯で愉しんでおきたいという考えであったと思う。

若い人が春ともなれば欲しいというのが「桜」の染め帯。桜にもいろいろあるもので、塩瀬羽二重地の太鼓柄で爛漫《らんまん》と咲き誇る八重桜がたっぷりの手描き友禅の帯。一方では桜の輪郭を大きくぼかし染めにしておき、はらりと花びらを散らす、といった軽やかな染め帯。一枝の桜が伸びやかで刺繡の山桜がすっきりとした染め帯。または京型友禅の御所解《ごしょどき》文様の一部で桜と松の典雅な染め帯というように、数々が目の前に置かれたとき、若い人なら、迷うに違いない。

きものを引き立てる染め帯と、きものに支えられる染め帯とがある。格としては軽めの帯だから、あまり饒舌《じょうぜつ》すぎる色柄よりも、技術は高くてもすんなりした染め帯のほうが合わせやすい。

若い人には太鼓柄で、白地や黒地の地色が多めに出ているほうが、派手めのきものには調和する。

沖縄の紅型染や型絵染の染め帯は、無地感覚や淡彩の紬のきものに、合わせるようにするとよい。

帯結びに凝る若い人が、特に染め帯を角出《つので》し風に結んだりすると後ろ姿だけは粋になるが、着る人に調和しない場合はかえって不安定さを感じるようである。

染め帯が先に気に入って、後できものを探すということになってもかまわないが、きものとのバランスが大事。やはり染め帯というのは、余白の多い、しゃれた味わいの軽みのある帯、季題を愉しむことのできる帯だと思う。

節句の集まり、早春の大寄せ、野点もやがて始まる季節。お気に入りの染め帯は、なごや仕立てなので結びやすいはず。

何かというと袋帯の晴着が多かったが、春になれば、若い人もなごや帯を自分で結んでみて、自分の体格に合う着こなしを知ってほしい。

染め帯なら自由に帯あげや帯〆の色を考えたい。あれこれと前日から用意するのがコーディネイトの楽しみであり、装い上手のコツといいたい。

花筏（はないかだ）

色無地の楽しみ

初めて作る色無地のきもの

この春から茶道のお稽古を始めた人もいると思う。茶道を学ぶからには、きものを着て練習することも大切。

きものと洋服とでは、立ち居振る舞いが変わってくるもので、足袋を履いて、畳の上を歩く、ということだけでも、初めての人には難しいはず、まして多くの先輩の注目を浴びて、手には何かを持ちながら、きものの裾から足がどう運ばれるか、新米の本人よりも同じ部屋で見ている先輩のほうが、ハラハラ心配なもの。

既に着慣れている方には、わずらわしいかもしれないが、この際お手持ちの品を見直すつもりで、聞いていていただきたい。

まず、作りたいきものは、一つ紋付色無地で、何枚あっても着る機会は多い。

若い人なら明るめの色で、やや濃いめがよい。薄色だと、桜色、藤色、山吹色、水色など若々しく美しい色があるけれど、実《まこと》に汚れやすい。模様が一面にあれば割合に汚れが目立たないが、色無地は胡麻粒ほどの汚点でも目立つ。何処へ行っても、若いうちは立ち働くのが当たり前。装いの汚れを厭《いと》うようでは役に立たない。だから色無地は、やや濃いめを選んでおくとよいというのである。

染め上がって巻いた状態の反物の中から、好みの色を肩に当てて選ぶと思うが、この場合は家紋を脱色することになる。例を挙げると、染め上がった風呂敷に名前の部分を脱色するのに似ている。家紋が白く抜ける染料で染めた色無地は、野点などのとき、太陽光線によって変色することがあるかもしれないから注意したい。

最近は化学染料の堅牢度《けんろう》が高く、褪色《たいしょく》しないものが多くなっているが、これは家紋を白く抜きにくい（品質表示に堅牢度が書いてあるものもある）。訪問着は、家紋が抜けない場合は繡紋にするが、色無地は繡紋だと略式になる。

白生地から選んで、家紋を糊置《のりおき》してから堅牢な染料で染めるのが安心と思う。誂《あつら》えの品というわけで、洋服ならオートクチュールに当たるが、色無地は思いのほか手軽に誂え染めができる。一枚用意しておけば、帯を取り替えるだけで、二十年も役に立つものである。

白生地から選ぶときの注意としては、まったく織紋様のない無地縮緬《ちりめん》よりも、「紋意匠縮緬《もんいしょう》」と呼ぶ地紋がある生地のほうが着やすい。

「綸子《りんず》」が以前はよく使われた。光沢が強いもので振袖や訪問着に用いるようになった。

白生地は種類も多く、絹の質も各種あるが、色無地に適した白生地といえば、地紋も大きい柄や小柄物、染めると地紋が浮き上がる生地から、訪問着風のものなどもある。

地紋は若い人なら、小柄では寂しいから体格に合わせて大きめの柄を選ぶこと。季節感のある花よりも、手がたい流水や唐草などが重宝に着られる。信用のある店で相談すること。

染め上がった色無地に防水加工、または撥水《はっすい》加工をしておくと、若い人は気が楽と思う（着慣れた人はあまり汚さないものだが）。

袖口、袖先など不注意でシミを付けることが多いし、水屋にいるとき、膝《ひざ》のあたりは前掛けがあるのに、何かしら汚れている。

最近の水をはじく加工は、水は大丈夫でも、お湯は通す。これは経験してわかることで、先輩や先生方の動作を見て、初めて気がつくことが多いはず。

色無地のきものは派手になったり汚れたりすれば、染め直すことが簡単にできる。洋服では考えられないことだが、絹を染めたきものは、ほどいて、染め直して、仕立て直すとまたまったく新しいきものとして生まれ変わる。

古来、一般の日本女性は糸を紡ぎ、織物や染色を自分の手で行った。きものの生地はできるだけ鋏《はさみ》を入れないようにして、大切に扱い、仕立てたものであった。そういう伝統を、今初めて作る一枚のきものから、読み取ってほしいものと思う。

色無地の着こなし

一つ紋付色無地のきものは、お茶会だけでなく、着る機会が多いもので、あらゆる場で役に立つとか、重要なきものとか言われてきた。

白生地の地紋には、慶弔両用に使えるような文様がいろいろある。単色の色無地の場合は、色合いが決め手となる。

我が国では慶事に好んで用いる色と、弔事のみに用いる色とがある。日本の伝統色をいうと、文武天皇の大宝元（七〇一）年の頃までさかのぼることになるので、歴史的なことには触れない。現代に使われている色のみを取り上げることにする。

赤系統は「陽」の色で、祝儀に用いている。黒や薄墨《うすずみ》色（グレー）系統は、その反対の「陰」の色で、濃い藍色や藍ねずも不祝儀の色とされている。色無地の場合、若い人に似合う朱色やローズ、緋赤《スカーレット》、臙脂《えんじ》色などは、明るい慶事の色である。

中年以上になると、あまり赤系統のきものは着ない（ここが洋装と違うところ）。中年向きは、やや落ち着いた中間色が好まれる。赤みがあっても小豆《あずき》色や蘇枋《すおう》色の渋めなら上品で着やすい。

茶系統、緑系統の深い色や紫系統も多くなる。色無地は、面積が広く、純粋に色合いだけで印象が決まるものだから、慎重に選びたい。

若い人は彩度の高い色、明るい色、冴えた色を着るとよいが、年齢が高くなるにつれて、強い色は着にくくなる。また、着たとしても、似合わない場合は、本人よりも見るほうが落ち着かない。模様がないので色だけが目立ってしまう。

昔の植物染料のみを用いていた時代の色は、渋めでどの色相《しきそう》とも調和がよいという。それは薄色から中間色まで、少々ねずみ色を加えたような色だから、いずれも相性がよいことになり、落ち着いた色合いと言われる。

今日では化学染料で染めるが、渋い色合いを染め上げることは、技術的に何でもない。第一に、着る人が似合う色を選ぶことが大切である。いつも言うようだが、若い人は弔事用の色無地まで作らなくてもよい。色も地紋も慶事用にして、若い年代でないと着こなせない色合いを着てほしい。会場に華やぎを添えるのは若い人の姿で、その場に安定感を加えるのは、中年の方々の落ち着いた色合いの、品のよい着こなしである。

裾廻《すそまわ》しのことを「八掛《はっかけ》」ともいう。身頃四枚衽《おくみ》は二枚、袖口と衿元を合わせると八枚になることからで、今もこう呼ぶ人が多い。

近年では、色無地の裾廻しは同色にすることが多い。別の色にするよりも、一緒に染めるほうが早いが、手数をかけない分だけ、味がないように思われる。以前は表の色に対して、少し薄めの色に裾廻しを染めるとか、表地が薄色なら同色の濃いめの裾廻しを付けるなどと凝ったものであった。反対色を使うこともあり、平安時代の「襲《かさね》の色目」を参考にして、配色のよい別の色を裾廻しに付けて、変化を楽しむこともある。

色無地は表が一色なので、袖口や褄《つま》から裾にのぞく部分に、せめて違う色を重ねて見せたいと思う。一つ紋付色無地という平凡な、無難なきものではあるが、裾廻しに手描き友禅染や型染、または金箔を置き、刺繍で小花を散らすなどの加飾をすると、自分だけの、ちょっと贅沢なおしゃれなきものとなる。着て行く場も広がる。

帯次第で、準礼装になるのも、一つ紋付だから。また、パーティなどでは、多彩なきもの姿の間に、単色のすっきりした色無地で帯の配色を効果的に使えば、着る人を引き立てる。特に帯あげや帯〆の配色に季節感を加えるようになれば、色無地の着こなしがひとしお愉しみとなるに違いない。

<白生地の地紋>

七宝

波文

紗綾形
(さやがた)

左／入子菱(いりこびし)
右／檜垣(ひがき)

盛夏のきもの

透ける生地の涼感

梅雨明けの後は強い日差しの盛夏。七、八月のきものは盛夏物と呼ぶ。

夏の和装は日本の夏の蒸し暑さを思うだけで敬遠されてきた。しかし、今日では車の中は完全冷房、自宅も会場なども、涼しく、ときには外気の暑さを忘れて過ごす日もあるほど、楽な時代である。夏のきものを着たいと思うか、着る気がないかだけの問題ではないだろうか。

流行の激しい夏の洋服よりも、改まった場所へ行くときは、盛夏の和服を涼しげに着てほしいもの。特に年齢が高くなるにつれて感じるのは、冷房のなかで腕などを出していると、若い人の肌との差が目立つこと。きものとは日本の中年女性に優しい衣服だと思う。

盛夏のきものは薄物《うすもの》とも呼ぶように、向こうが透けて見えるほど薄く、軽い生地。

羅《ら》という字を「うすもの」とも読むが、現代では羅の織物は帯地にあり、「ら」と呼んでいる。

薄物の代表的な生地は「絽《ろ》と紗《しゃ》」で、名としては平絽《ひらろ》、駒絽《こまろ》、絽縮緬《ろちりめん》、駒紗《こましゃ》、紋紗《もんしゃ》、紗紬《しゃつむぎ》、薄地生紬《なまつむぎ》、そして麻がある。その名だけでも生地の感じがわかるかと思うが、夏生地に縁《えん》の少ない若い人のために説明しておきたい。

絽は「もじり織物」の一種で、経《たて》糸と緯《よこ》糸の間にもじりという「からみ」を作ることによって、隙間《すきま》を作る。これが絽生地の穴のあいたように見えるわけである。一般に絽は横絽が多く、横段のような隙間がある。竪《たて》絽という生地は、この隙間を縦に出したもので、数は少ないが今も使われているから、絽目をよく見てほしい。以前は平《ひら》絽という生地が多く、昭和初期の夏物を出してみると平絽だが、近年は女物にはあまり使っていない。男物の夏の紋付などには、生地のしっかりした平絽が好まれている。薄地の平絽は女物の長襦袢などに使う。

それに代わって、駒絽が女物の訪問着、小紋などによく用いられるようになった。駒絽は撚《より》糸《いと》が強いので、さらさらとする地風が着やすいから絽の中心となっている。

絽目とは横の糸を数えると、三本目に絽のもじり目があるのを三本絽、五本目は五本絽、七本目は七本絽と呼ぶ。また、七・五・三の横段の繰返しの絽目があるものを、七五三とか乱《みだれ》とか、乱絽《らんろ》と呼んでいる。

三本絽は絽目が多いだけ、よく透けて風が通り抜けるような気分になる。七本絽は透けることが少ないもので、染め帯などには七本絽目の塩瀬羽二重を夏帯地として用いている。

絽縮緬はあまり透けないが、重みを感じるので準礼装に好む場合もある。

紗は文字通り糸が少ないから、よく透ける生地である。盛夏の前後に着る紗合わせのきものは、薄い生地を表裏二枚重ねて仕立てるが、表に紗地を用いて裏の色を透かせる味を愉しむ贅沢なきもの。着る期間が短くても、近年は透けるものに人気がある。

紋紗は、地紋で模様を織り出した紗地で、盛夏の一つ紋付の色無地などに用いる。

紗紬は、紬糸を使って織った紗なので、光沢はなくてややカジュアルな感じになる。

生紬も最近は各種の生地があって、特に透けるものは、麻に近い手触りで盛夏の型染などに好まれている。生紬の厚地のものは六月や九月のひとえ向きと夏帯地に使われる。

表地が透けるような涼感のある薄物を着るときは、下着を整えておきたい。初めに長襦袢を一緒に用意するだけでよい。汗取りがあれば安心で、特に暑くはない。

薄物のきものをすっきりと着る人に、周囲は涼風を感じるのではないかと思う。

夏のきものと夏帯の取り合わせ

絽、紗、紗紬、麻などの盛夏のきものに、どのような帯を取り合わせるか、近頃は帯の種類が多いので、迷いも多いようである。特に夏帯には織物のほかに、夏生地の上に加工を施した染め帯が各種あるので難しい。基本的な用い方を知ったうえで、ある程度は自由にするとよいと思う。

昭和初期のモノクロの写真の、銀座風景などを見ると、日本女性の大部分は夏でもきもの姿で、その中にハイカラとかモダンガールとか呼ばれた洋服の人が少数だが目立つ。古い日本映画も時代劇でなくても、きもの姿の人ばかりであった。

現代では、洋服姿の中にきもの姿の人を稀に見かけると、年配者でも目立つ。それが若い人できれいだと、誰もが必ず振り返って見る。それほどきもの姿は少なくなった。

ましてや暑い盛りの七、八月頃に、きものを着ている若い人があれば、目立つことこのうえなしと言える。

盛夏のきものも昭和初期には、ＴＰＯが定められていたもので、夏の染物を着る席か、夏織物を着てよいかをわきまえていた。

夏帯にも、丸帯、袋帯、なごや帯、ひとえ帯、かがり帯、半幅帯などの形態があるわけで、そのうえに夏の染め帯が加えられる。

今日では夏の織物の丸帯はほとんどない。産地でいえば京都西陣のほかに博多織や沖縄の帯地もあり、夏帯だが透けない張りのある生地を使うこともある。夏の帯は生地や織り、または染めの名称だけでも数が多い。若い人は予算に合わせて選ぶことになるから、買うときによく教えてもらうこと。

ファッションは時代とともにあるものと、いつも言っているが、きもののしきたりも時代につれて、多少は変わりつつある。

伝統ある生地を着るきものや帯は、洋服と違って、夏になれば毎年取り出して着ることができる。ひと夏に何度も着ないから、よけいに長い年月に耐えることのできる色柄や、長く使えるものを選ぶとよい。きものの盛夏物は涼しそうに透ける生地を用いる。夏帯も織り方に工夫して初夏から初秋まで使えるようにできているものが多い。

朝茶に以前は麻織物や麻の染物を用いたが、最近は絽小紋や絽の色無地が多いと聞いている。夏のお茶会には絽地の訪問着や絽の小紋。それに合わせる夏帯は絽袋帯、紗袋帯、絽地に染めと刺繍のなごや帯、有職織物の羅《ら》地の袋帯やなごや帯、一見すれば羅に似ているので一般には羅と呼ぶが、糸が太い粗紗《あらしゃ》という織り目の粗い紗や粗い羅の帯も人気がある。

麻のきものというと、白麻地に織った後で訪問着に染めたものは江戸時代からあり、高級な晴着になるのが、麻糸を先に染めて縞や絣を織り出したきもの地は、高価であっても晴着には用いない。夏大島や夏結城も同じようにカジュアル感覚のきものとなる。

夏の染め帯の素材は、絽塩瀬のほかに最近は紗紬やその変わり織りが多くなった。また生紬と呼ぶ薄く軽い紬だが透ける帯地は、しゃれた染め帯によく使われている。

もう一度言うと、六月から九月まで使えるのは絽地の帯。盛夏の七、八月は紗や羅のよく透ける帯と言われたものであった。

しかし、今日ではこうしたしきたりを守りたい人で、数多く夏帯を持つ人は、それを守るとよいが、若い人で夏帯は数少なくてもと思うときは、多少は使う期間を自由に考えてもよい。

ささやかなことにこだわって、きものは面倒と思い込むよりは、若い人もきものを着てみるとよい。着てしまえば暑さも忘れるほど楽しいはず。

やがてきものの装いに季節感をどう表現すればよいか、などと自分で考え、夏帯の取り合わせにもっと関心を持つようになってくると思う。

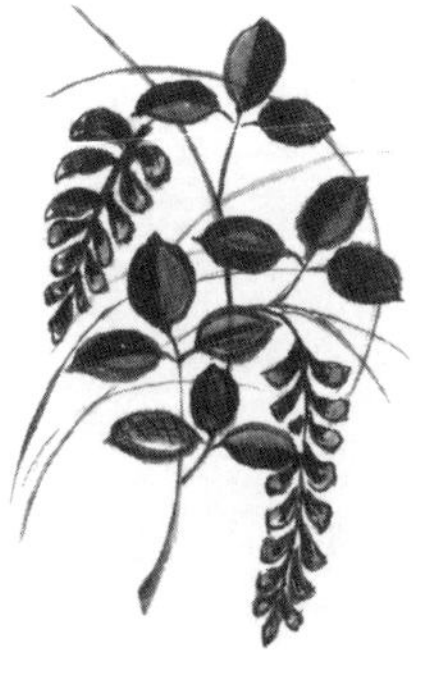

萩模様

眠っているきものを新しく

粗末にしない精神

歳末には家の大掃除をするのが習いとなっている。何かと忙しい師走でも、中旬までの晴れた日があれば、思いきって簞笥《たんす》の中のきもの改めもしてほしい。

お茶会のときだけではなく、お稽古の日も必ずきものをお召しになる人のきものや帯は、いつも風に当たっているので、それほど湿気を含んでいないものだが、あまり着ないで大切にしまい込んで下積みになっている品を、この際広げて点検してみたい。

普段洋装の人は是非とも簞笥の大掃除をして、眠っているきもの類に出番を作ってあげてほしいと思う。すっかり忘れていたような色無地の派手な色合いのきものが出てくることもある。

世の中が派手気味だから、このお正月にもう一度着ることにして、それから何とかしたいという品があれば、手近なところに出しておいて考えるようにしたい。

紬のきものは渋めの色柄が多いので、そのまま着られるのだけれど、どこか古い感じがすると思うようなら、裾廻しの色に注意してみること。上質の紬は親子二代以上着られるほど丈夫で飽きのこないものだが、裏側に使う色には時代の色合いが見える。

現代的に着るなら、裾廻しの色を変えると、同じ紬でも細くのぞく袖口や裾の取り合わせの色によって新しい感覚の紬のきものとなる。紬類は種類が多いので具体的に言えないが、若いときの赤系統の裾廻しを、洋装感覚の色合いにして、仕立直しをするとよいのではないかと思う。

紬のほか西陣御召の明るい色のきものなどを地味にする場合は、簡単な方法でその色を濃くすることができる。元の模様はそのまま残して地色を変えるのは、ちょうど墨絵の上に一刷毛《ひとはけ》渋い色を掛けるようなものと思えばよい。技法としては「色あげ」と呼ぶ手軽な加工である。

「染め直し」という加工は、色無地のきものなどを、まったく新しい色に染め替えることで、紋付であっても紋は元通りにして、まるで系統の違う色にすることができる。これは植物染料の場合はできないが、今日の化学染料で染めた品であれば問題なくできる。最近では金銀箔の入っていない帯なら染め加工できる。袋帯であっても加工法があって、色を濃くすることができて元通りの袋帯となる。金銀箔はいけないが金銀糸を使っているものは染め加工できる。

古くなったきもの類を、よみがえらせる技術はいくらでもある。近頃は新しいものを買うばかりで、以前から家にあるものを生かして使うことを考えないようである。洋装の考えでいうと、二十年も前の古い洋服は役に立たないのが当然。洋装で育った人には不思議かもしれないが、定形の絹のきものの心強さ、生命の長さ、ものを粗末にしない精神というものは、大切にしたい。

和装を取り扱う呉服店にしても、面倒な注文を受けるよりも、新しい品を売るほうが手軽でよいから、悉皆《しっかい》と呼ぶ洗い張りや染め直しを引き受けないようになったそうである。また、若い世代の店主のなかには相談に乗りたくないと言う人もあったと聞く。

しかし、各地方には親切な呉服店もあると思う。また百貨店で相談すれば、きものリフレッシュ部門もあり、専門店を紹介してくれるはずである。

いつも新しい色無地を着ているように見えるが、私の着ている一つ紋付の色無地は三回目の染め直しである。京都の悉皆屋さんはマジックのように、きものに新しい表情を与えてくれる。古くなった白の胴裏を表地と同色の薄めの色に染めて、今、私は「襲《かさね》の色目」の自分流として愉しんでいるところである。

蓮　経箱蒔絵（平安時代）

蓮　彫紋皿（宋時代）

けったいな話

二月に入りますと「節分」、その翌日は「立春」です。若い人は暦を見ることもなく、暦に関心を持つ人は少ないようですが、近頃のカレンダーや日記の中には「旧暦」「干支《かんし》」「二十四節気」などを書き入れたものが目につきます。

節分は本来「季節の節目」で春夏秋冬にありましたが、今日では旧暦で新年とした立春の前日のみを言うようになりました。二十四節気は冬至を原点として、一太陽年を二十四等分した時点を含む日を言います。「二至《にし》」は夏至、冬至。「二分」は春分、秋分。「四立《しりつ》」は立春、立夏、立秋、立冬です。その季節が始まる日を表しました。

二十四節気の春とは、「立春、雨水《うすい》、啓蟄《けいちつ》、春分、清明《せいめい》、穀雨《こくう》」です。暦では、春の始まり、立春にいちばん近い新月の日が旧暦の新年となります。現代は新暦なので旧正月は、ご存知のとおり、平成二十五年は二月十日です。

なぜ暦の話を私が書きたくなったかといえば、以前の京都では家によりますが、祝いごとを決めるのも古風に、暦を見て良い日を選びました。

また結婚の話があれば、暦や易で相性《あいしょう》を確めたりしていました。本当に相性を易者さんに相談することもありましたが、当たりさわりなくお断わりする口実として、「相性が良くない」とか「年回りが悪いから」などと相手を傷つけない方便《ほうべん》として使っていたようです。

私の父も四柱推命《しちゅうすいめい》の易経《えききょう》の本などたくさん持っていたものですから、若いときから身近に暦があり、お祝いを持って行くには良い日を選ぶようにしたものです。しかし、「大安」は一般的に良いというだけで、個人にとっての良い日と悪い日があるとか、「陰陽五行説《おんようごぎょうせつ》」は、色彩にも深い関係があると教えられていました。知れば知るほど面白い五行説でした。

さて、古い京言葉にも易とのかかわりがあることがわかりました。私どもは何気なく使っていましたし、今も若い人がよく言うのですが、「けったいなかん」「けったいな格好どすな」と言うように、「あの話は、どうもけったいやさかい気をつけないといかん」「けったいな色柄」「けったいな人やな」「あの話おかしな柄、変な人、ややあぶないおかしな話など、あまり良いときに使わない言葉でした。「卦体《けたい》」とは、易の卦《け》の算木《さんぎ》に表れた形象のことでした。得体の知れぬの意味もあります。

今でもよく「けったいな」と言っています。

現代では当たり前のものは目立たないので、多少はケッタイでも、新しいとか面白いといわれるデザインを発表するファッションデザイナーが多くなりました。和装の場合は基本的にあまり変わることはなく、良家の子女はけったいなものを着ません。

また、きもの姿ほど注目を集めるものはないので、人目を引くことを考えなくてもよいのです。和装はまともなほうが上品です。「真面《まとも》」という字を書くのですから本気でものごとを考える人を、まともな人と言いました。流行の色調はありますが、伝統的な模様は何百年も使いこなされて、古くは感じさせないものです。

左と右

「左大臣は向かって右、右大臣は向かって左」と言いますと、「左か右かどちらへ向くかわからん大臣はどこへ飾ればよろしいやら」。この大臣と申しますのは現代の人ではなく、雛人形の位置のことですのに、若い人と話をしていると、よけいわかりにくくなってしまいます。

天皇様は南面して東側に座すと定められてより、向かって右のほうが位《くらい》が高く、右大臣より高位の左大臣は天皇様の下段に飾るのが定位置です。

関西はこれでいいのですが、関東のお雛様の位置が今では難しくなっています。もう、おわかりのとおり、西欧風に、向かって左に天皇様がおいでになりますと、左大臣はどちらに座してよいのか、困っておいでと思います。しかも白髪の老人姿は位の高い朱色の装束です。右大臣は若いので、黒の装束。ここでも人形は首をすげ替えることができるので、人形師は心得ていますが、人形店が、随臣の老人は黒、朱は若いほうかと間違えて飾るので、年配の左大臣を黒の装束にして向かって左に置いてしまったりするのです。

日本語は「左右《さゆう》」と書きます。右を先に書き「うさ」と読むようなことは知りません。日本の四大古典芸能のひとつ雅楽は、公家貴族に支持されて、現代なお雅楽舞楽は伝承され

「左近の桜右近の橘」の造り花

ています。舞楽では左方舞が先に舞い、次に右方舞となります。このことは、舞楽の装束の文様を調べているときに知りました。

最近では、慶弔の金封の水引を自分の手で結ぶことはほとんどないようです（小笠原流礼法などの勉強をしておられる方のほかは）。何でも買ってくれれば間に合う時代となりました。そのうえ進物用の、お中元、お歳暮と印刷した熨斗《のし》紙も売っています。そのため紅白の水引の紅がどちら側にあるか、思い出せない人があります。茶道や書道を学ぶ人は常識と思うことも、仕事に忙しい女性のなかには他人任せの場合も多いものです。さて、それで私が言いたいのは、帯〆の組紐が紅白になっているものを、水引と呼んでいます。若い人がこの水引風の帯〆を使っておられるとき、位置が違っていることがよくあるのです。私は目立たぬようにそっと直してあげますが、まったく考えもしなかったという人がありました。

和封筒をよく見ると裏面の継ぎ目が中央にあれば、紙は向かって右が上になるように貼り付けてあるものです。つまり、それは和服と同じような打ち合わせになっています。きものは右前といい、向かって右の身頃が上前にきます。この点がわからないようです。左封じにした手紙は不吉です。侍《さむらい》の時代なら「果たし状」です。侍が決闘する場合の書状です。

進物の和菓子は包み紙が左封じにならぬよう注意されています。店主からアルバイトが包み紙の間違いを指摘されているのを見たことがあります。

どちらでもいいではないか、と些細なことだと何でも軽く見過ごしているうちに、家業を持つ親の家や会社が「左まえ」になってしまっては困ります。

四季の美を詠う

春

夏

秋

冬

監修・コーディネイト／木村 孝
（『美しいキモノ』掲載ページより）

心を浮き立たせるような
優美な取り合わせ

春

風に揺れる色づいた桜花や、
生き生きとした木々の若葉色が
あたり一面を染める季節。
自然の美しい色調をお手本に
コーディネイトしましょう。

鮮やかな鶸色（ひわいろ）地に満開の桜の花を描いた、華やかな手描き友禅の訪問着です。流水に浮かぶ桜の花が織り出された袋帯を取り合わせ、春の喜びを詠いあげたかのよう。きものと袋帯の柄を揃え、季節感あふれる桜尽くしのコーディネイトに仕上げています

山吹色の小紋に桜の刺繍帯

帯は水色や藍色の色糸と金糸で桜の花の丸を京繍で表したなごや帯。明るい山吹色の地に華文を総身に配した着やすい小紋と合わせました。帯の配色から、帯〆は水色、帯あげはグリーンを引き、春の野をイメージした爽やかな取り合わせになっています

涼味を感じさせる季節柄や
すっきりとした色や素材を選んで

夏

「夏は涼しきように」が
この季節の信条です。
朝顔、百合、芙蓉などの花々や、
風鈴や花火などの風物誌を選んで、
おしゃれで贅沢なきもの美人に。

夏の早朝に花開き、日が昇る頃にはしぼんでしまう朝顔の花。訪問着の題材としては珍しいモチーフを、繊細に愛らしく表現した絽のきものです。明るいオレンジ色の地に、蔓を伸ばす朝顔の水色や橙色、紫が爽やか。扇面柄の紗袋帯でさらに涼感を高めています

縫い取り御召に鷺草《さぎそう》の愛らしい染め帯

初夏のひとえの装いに。きものは透明感のある若草色にピーコックグリーンの差し色がひときわ映える縫い取り御召。さらりとして張りのある地風で、ひとえ用の生地としても重宝します。鷺草を描いたレモンイエローの絽塩瀬染めなごや帯で色の調和を楽しんで

秋の風情漂う葡萄柄を大胆に華やかに表した小紋

秋

豊かに実る稲穂の黄金色、
散り敷く銀杏の深みのある黄色、
季節の花の趣ある色合い、
そんな秋の情趣を写した色を
今の装いのテーマカラーに。

きものは明るい卵色地に葡萄（ぶどう）を表した小紋。葡萄の葉は、染め疋田を詰めたものや、白上げに朱で縁取ったもの、抹茶色のぼかしなど、多彩に表現されています。唐花模様の濃紫の八寸帯に紫の帯〆を合わせ、深まりゆく秋を表した個性的な取り合わせに

秋草を デザイン化した 鮮やかな小紋

絵画調のきものは、野に咲く秋草を題材に、ブルーやグリーン、黄色など鮮やかな色使いで染め分けた型絵染の小紋です。明るい朱色地の華文の織りなごや帯を合わせ、若々しくフレッシュな装いに。帯〆は抑えた抹茶色を取り合わせ、秋らしさを演出しました

年末の多彩なシーンに映える
付けさげの個性ある着こなし

冬

雪の結晶を思わせる白、
紅白梅の気品ある色。
冬から新春にかけては
気分が改まるような
新鮮な色の取り合わせを。

きものは、きれいな水色地に雪の結晶模様を繊細に表し、金で加飾した付けさげです。クリスマスや年末の軽いパーティなど、さまざまな場に活躍する一枚。花模様をパステルカラーの新鮮な色使いで織り表した袋帯、藤色の帯〆を合わせ、華やかにまとめています

根引きの松に おめでたい 熨斗《のし》模様の帯で

おめでたい柄の小紋や軽めの付けさげは、年末年始に一枚あると重宝します。左のきものは、ほころび始めた梅の花と梅の枝が雅やかな薄ピンク地の付けさげ。根引きの松を熨斗で包んだおめでたい柄の染めなごや帯を合わせ、新春の寿ぎを装いに託しています

第三章

季節と意匠

模様の美を知る

梅文様

春から初夏の季節柄

きものを着る喜びのひとつに、装いに四季を表現できることが挙げられます。色目や色の組み合わせでも季節感を表せますし、季節柄を取り入れることでその時季限定のおしゃれも楽しめます。四季の美を詠うおしゃれは、豊かな自然に囲まれ、季節の移り変わりに鋭敏な精神を研ぎ澄ませてきた日本人ならではのものといえるでしょう。

「本当に持つべききもの」が少しずつ揃い始めると、次はステップアップして、季節を取り入れたおしゃれにチャレンジしてみたくなる方も多いようです。

とはいえ、季節柄の装いは、贅沢なおしゃれです。たとえば桜と紅葉を組み合わせた春秋柄であれば、夏を除き年中着られますが、桜のみの場合、関東でいえば桜の咲く少し前の三月中旬頃から桜の散る四月上旬頃まで、着用できる期間はわずか三週間余りしかありません。それでも、一年に一度巡ってくるその季節に合わせた装いは、私たちの心を浮き立たせる格別なものがあります。まずは、比較的チャレンジしやすい「季節柄の染め帯」から始めてみてはいかがでしょう。染め帯であれば比較的お求めやすく、季節の花々や器物をモチーフにした美しい帯がたくさん揃っています。

季節柄の染め帯には、抽象模様や季節を問わない柄の小紋や付けさげがお勧めです。そうした小紋や付けさげは、帯合わせや着回しがしやすいからです。気軽な場であれば染めのきものに染め帯を合わせても、問題ありません。

きものに季節柄を選ぶ場合は、季節を問わない抽象柄の帯がコーディネイトしやすいと思います。一般的には、帯ときもので花柄どうしを合わせるのは難しく、たとえば、古典的な模様の花柄のきものにモダンな表現の花柄の帯では、ちぐはぐな印象を与えてしまいます。ただし例外もあります。桜の小さな花びらを散らした、無地場の多い小紋であれば、同じ桜模様の帯を合わせても素敵です。

季節柄の装いで、「いつから、どのくらいの期間着用できますか」という声をよく耳にします。きものの場合、季節の先取りは結構ですが、実際の季節に遅れてしまうのは避けてください。今ではインターネットでも簡単に調べられますが、『歳時記』が家に一冊あると便利です。季節の事物や年中行事などが詳しく書かれていて、日本の風土を知るよい勉強になります。季節柄の代表例を挙げますと、三月は柳、蒲公英《たんぽぽ》、貝合わせ、蝶、後半から桜、四月は牡丹に藤、五月は八つ橋、青楓、あやめ、葵、鯉のぼり、兜……。紫陽花《あじさい》の帯は、花の季節が五月と六月の境目にあたるので着用時季を迷うところですが、帯が袷用の仕立てなら五月中旬から下旬くらいまで、夏生地であれば六月から着用するとよいでしょう。

きものの暦では五月までは袷、六月からひとえ着用ということになっています。しかし近年はますます温暖化が進んでいますので、私は五月中旬からひとえを着ることをお勧めしています。ただしその場合には、きもの以外の帯や長襦袢、半衿などは袷用のものを、六月になりましたら、帯や小物もすべて夏用に替えてください。

きものは五感をフルに使ってまとうもの。色やデザインを見極め、「薫り」を添えるのがあなたなのです。現代に合った呼吸で、あなたご自身の装いを楽しんでください。

初夏から盛夏、初秋の季節柄

「夏のきものは難しい」「何をどの時季に着たらよいのかわからない」という声をよく耳にします。おっしゃるように、夏衣にはさまざまな素材があり、袷に比べて着用できる時季に限りがあるため、初心者の方は難しく感じてしまうようです。紗、絽、絽縮緬、絹縮、麻縮、夏塩沢、上布……代表的なきものの素材の一例を挙げただけでも多種多様です。

けれど、それほど多くの種類があるということは、多彩な表現ができるということです。豊かな自然に囲まれ、四季のある風土で生きてきた日本人の鋭敏な感覚が培ってきた「文化」といえるでしょう。是非、夏ならではの素材の楽しさ、組み合わせの妙、美しさを味わってください。もうひとつ、夏のきものを躊躇する理由に、真夏の暑さがあります。とはいえ、現代の日本ではどこでもクーラーが効いています。昔に比べて過ごしやすくなったのですから、是非お召しになってください。涼しい顔で夏のきものをお召しになっている姿は、おしゃれで美しいものです。きものを着用する前に、クーラーで部屋をよく冷やし、ひんやりと冷たくなったきものに袖を通せば汗もかかず、気分もしゃんとするはずです。

さて、夏のきものの更衣《ころもがえ》について簡単にお話ししましょう。六月の初夏、九月の初秋には透けない生地のひとえを、七月、八月の盛夏には透ける生地の絽や紗などを着ます。

盛夏もひとえの時季も、それぞれたった二か月という短い期間ですから、きものの数はそれほど多く持つ必要はありません。少数精鋭でいきましょう。パーティなどの集まりごとが月に一～二回程度ある方は、訪問着か付けさげを一枚持っていれば充分です。その代わり、とっておきの一枚ですから、着回しやすさなどを考えず、ご自身が本当に好きだと思うお気に入りのものをお求めください。

夏の季節柄には、草花では百合、芙蓉、撫子《なでしこ》、朝顔、萩、すすきなど、そのほかの模様では風鈴、花火、七夕などがあります。袷の場合、通年着られるように四季草花で無難にまとめた模様付けのものも多く、季節の限定柄のきものは大変贅沢な装いです。けれども夏のきものに関しては、そもそも着用時季が短いため、季節柄のものが数多く揃っています。

季節柄を緻密に表現した染めの訪問着や付けさげには、格調高い有職文様や抽象柄などの織りの帯を合わせるとよいでしょう。

一方で、お友だちとのお出掛けなど気軽に夏きものを楽しみたい方には、織りのきものをお勧めします。盛夏の織りのきもののなかでも初心者の方にお勧めなのが、小千谷縮《おぢやちぢみ》です。小千谷縮はシボが立ち、さらりと肌触りの良い地風の麻織物で、最近では洋服感覚の可愛らしい色柄が多数揃っており、お求めやすい価格も魅力的です。そのほか、越後上布に比べて値打ち感のある近江上布や、絹糸で織った薄くて軽い明石縮などもお勧めです。季節の草花や器物模様を題材にした染め帯を合わせ、夏限定のおしゃれを楽しんでください。

ひとえの時季の染めのきものには、紋意匠縮緬の色無地が重宝します。一つ紋を付ければ準礼装になり、帯次第で着用範囲も広がります。そのほか、夏御召はひとえの時季から盛夏まで着用できるので使い勝手のよい織りのきものと言えるでしょう。

暑い夏だからこそ、涼味を感じさせる季節柄を取り入れたり、すっきりとした色使いや素材使いによって、見た目にも涼やかに乗り切っていただきたいものです。

秋の季節柄

秋を代表する花といえば、何をおいても真っ先に挙げられるのが「菊」でしょう。

古来、和歌や物語文学の題材をはじめ、伝統工芸品を飾る重要なモチーフとしてさまざまに扱われ、日本人に愛されてきました。

きものにおいても、菊はもっとも多用されているモチーフのひとつと言えるでしょう。そのデザインも多種多様です。たとえば、二色で表現された菊模様は慶長柄とも呼ばれ、能装束から引いたもので、華やかさのなかに古典的な味わいがあります。また、菊の細い花弁が優美に弧を描く乱菊模様は、華麗で粋な雰囲気があります。そのため、きもの初心者の方や若い年齢の方には着こなすのが少々難しいようです。万寿菊と呼ばれる菊の花弁を省略した模様は、饅頭のようにぽってりした形が特徴です。こちらは江戸時代に琳派が様式化したもので、洒脱な雰囲気があります。一例を挙げただけでも、菊がいかに日本人の美的感覚に訴えるモチーフとしてさまざまに形を変えて表現されてきたかがわかるでしょう。

菊は定番化した模様でもあるので、ある程度でしたら季節を厳密に守らなくても大丈夫です。

とはいえ、ほかの柄との組み合わせによって、着用時季も変わってきますので注意が必要です。菊のみで構成されている袷のきものの場合、お正月頃まで着られます。

菊と並び秋を代表する季節柄に、紅葉があります。色づいた紅葉のみで構成される場合には、十月から十二月初旬までのわずか二か月しか着用できません。梅の花が添えてあれば着用期間が少し伸び、お正月頃までとなります。また、紅葉に青楓が添えてあれば、着用可能な時季がぐっと広がり重宝します。

「秋の七草」と総称される、萩《はぎ》、桔梗《ききょう》、撫子《なでしこ》、葛《くず》、藤袴《ふじばかま》、女郎花《おみなえし》——は、万葉歌人である山上《やまのうえの》憶良《おくら》が「秋の野に　咲きたる花を　指折り　かき数うれば　七種の花」「萩の花　尾花葛花　撫子の花　女郎花　また藤袴　朝顔の花」と二首に詠んだことに由来すると言われています。尾花とはすすきのこと、朝顔の花は現在の桔梗を指すそうです。秋の七草のモチーフは、季節を先取りして盛夏の薄物のきものから使われます。秋草模様の袷の訪問着や羽織の場合、十二月半ばくらいまで着用することができます。

いずれにしろ、季節柄のきものは着用時季が短く贅沢な装いです。季節柄を取り入れた装いにチャレンジする場合、まずは入り口として、シンプルな織りのきものに季節柄の染め帯を合わせてみてはいかがでしょうか。

きものに季節柄を選ぶ場合には、気軽な小紋で楽しむことをお勧めします。その場合には、季節を問わない抽象柄などの織りなごや帯が合わせやすいでしょう。帯ときもの両方に季節の花を持ってくる場合には、表現方法がそれぞれ異なっていたり、季節がずれていたりすると、ちぐはぐな印象になってしまうため、コーディネイトに注意が必要です。

一方、訪問着の場合、パーティや改まった場への出席がそれほど多くない方は、着用期間が限定されてしまう季節柄ではなく、四季の草花など季節を問わない柄をお勧めします。その代わり、着回しやすさのことなど考えず、自分好みのお気に入りを見つけてください。季節を問わない訪問着でも、帯あげや帯〆などの小物の色合いを替えることで雰囲気が変わり、季節感を演出することもできます。

暑い夏が過ぎ、きものでも過ごしやすい季節になりましたら、是非、季節柄を取り入れたり、秋らしい抑えた色目でコーディネイトをするなど、秋の装いを楽しんでください。

菊　渡金　釘隠（くぎかくし）
江戸時代　桂離宮

冬の季節柄

〝年末のきもの〟というと思い出すのが、生まれ育った京都に住んでいた頃によく行った四条・南座の顔見世興行でしょうか。

年末恒例の歌舞伎の顔見世は、一年で最も華やかな装いで出掛ける場でした。普段は財布の紐の固い京女もこの日のために特別にいいきものを誂え、おしゃれをして出掛けるのです。呉服関係者は流行の装いが一挙に見られると、ファッションチェックをするために入り口付近にずらりと並んでいたのを覚えています。

現在でも、年末はクラシックコンサートやパーティなど華やかなイベントがさまざまに催され、きもの姿の方を多く見かけるようになります。この時期には、パーティ向けの華やかな付けさげやしゃれた小紋があると重宝します。小紋であれば、帯合わせ次第でさまざまなシーンに着用できます。お稽古や街歩きのほか、ちょっとした集まりには金彩を加えた染めなごや帯や軽めの織りなごや帯を合わせると、ドレッシィな雰囲気に仕上がります。

年始といえば、かつては夫の上司や仕事関係先のお宅に風呂敷包みを持って挨拶回りをしたものですが、今ではこのような格式張ったことはしなくなったようです。お茶を習っている方でなければ、主な着用シーンは初詣や新年会、初芝居などでしょうか。新年は案外パーティをはじめ公の行事が少なく、立派な訪問着よりは小紋や軽めの付けさげのほうが着やすいようです。親戚の集まりなどに立派な訪問着で出掛けてしまうと、もてなす側がかえって気おくれしてしまい、場違いな印象を与えてしまうこともあります。

さて、冬にも素敵な季節柄がたくさん揃っています。雪の結晶、クリスマス柄、雪持ち柳、南天、干支にちなんだもの、凧や羽子板、梅、椿……。クリスマス柄は、和の装いに洋の雰囲気をプラスでき、しゃれたコーディネイトになると人気があるようです。ただし、着用できる期間が最も短い柄ともいえます。その期間は十二月中旬から二十五日までのおよそ十日から二週間くらいで、着用シーンも限られます。限られた枚数で着回す場合にはあまりお勧めしません。私はクリスマス柄の扇を持つなど、小物でささやかにクリスマス気分を演出しています。

そのほか、十二月半ば頃から活躍する季節柄には、雪の結晶模様があります。こちらは万国共通で通用する柄なので、海外の方が列席するパーティなどにも喜ばれます。

新春を代表する季節の花といえば梅でしょう。桜や菊に並んで、昔からさまざまに繰り返し使われてきた図柄です。梅のみの柄であればお正月から三月下旬まで、竹や松を添えれば松竹梅になり季節を問わないおめでたい柄になります。梅とひと口に言っても、ほかの柄との組み合わせにより着用時季は異なります。

南天は十二月から三月までの比較的長い期間着用できる柄です。語呂合わせで「難を転ずる」の意もあり、縁起の良いモチーフです。

宝尽し模様は縁起物で特に季節を限定しませんが、新春を寿ぐ気持ちを装いに取り入れると素敵です。

新年には、気分を改め、新しいものを何かひとつでも身に着けることをお勧めします。私も幼い頃、母が新年のための晴着を用意してくれていました。誂えてもらった京型友禅の小振袖でおめかしをして、家を訪れる親戚の方々に挨拶をすると、大人になったようでうれしく感じました。高価なものでなくてもかまいません。帯〆や帯あげ、襦袢あるいは腰紐でもよいのです。真新しいものを身に着け、気分も改め、新年の装い始めとしましょう。

小物も格と雰囲気を合わせて

色無地のきものの帯あげは、その帯の格に合わせて考えるようにします。準礼装の袋帯を結ぶときは総絞りでもよいですが、金銀箔置きのぼかしも適します。飛び絞りも色柄によって使えます。訪問着の代わりに色無地を着てパーティなどに行く場合は、帯あげに強い色彩を使ってみるのもよいでしょう。綸子や縮緬地に型染の帯あげもあって、色調だけを合わせるのは簡単ですが、きものや帯の雰囲気と格を考えて取り合わせます。手をついて礼をすると横から帯あげがよく見えます。脇にも注意を払いましょう。更衣にしたがって、六月から九月中の帯あげは、絽地や紋紗を用います。半衿と同じ生地と覚えておきます。

■孝の覚え書き

丸帯を現代に生かす

おばあ様の刺繍の丸帯は、お太鼓の柄が逆向きについています。その時代は引き抜き結びをしたからですが、死蔵するにはあまりにも惜しいほど、技術も柄もみごとなものが多くあります。これを活用するためには、まず丸帯の幅を半分に切ります。自分の結び慣れた帯の寸法に合わせ、柄の位置が正しくなるよう計算して裁ち合わせるとよいでしょう。なごや帯にするには、同生地を太鼓裏に三尺用い、胴の裏は薄い別布を足し、開きなごや仕立てにします。残り布はテーブルセンターなど、インテリアにも使えます。呉服店や悉皆《しっかい》に相談してみましょう。古きよき布を大切に使いこなしたいもの。古風な布は無地や江戸小紋ともよく調和します。

第四章

四季の色をまとう

自然の色合いをお手本に

笹蔓文

桜色をまとう

きものは日本の美しい四季を表現することのできる、世界でも類を見ない装いです。季節柄や器物模様はもちろんのこと、「色」の組み合わせによっても季節感を表すことができます。「色」の取り合わせで季節感を演出する装いを考えてみましょう。

「春の色は」と問われれば、多くの人が「桜色」を思い浮かべるのではないでしょうか。寒い冬が過ぎて春になると、待ちに待った桜が花開き、街も野山も一面淡いピンク色に染まります。日本を代表する花、桜にことよせて、春の喜びをピンク色の装いに込めて提案します。

ひと口にピンクと言っても、濃き薄き、黄みがかったもの、青みがかったものなど、その表現は実に多彩です。和の色の名前を思いつくまま挙げてみますと――桜色、桃色、唐棣《はねず》色、鴇《とき》色、薔薇色、紅梅、真赭《まそほ》など――さまざまあり、いかに日本人が色彩に対して繊細で鋭敏な感覚を持っていたかをうかがい知ることができます。

ピンクは女性であれば幾つになっても心惹かれる色ですが、きものの場合、微妙なトーンによって着る人を選ぶ色とも言えます。きものは洋服とは違い、面積の割合が大きいため、その人に合う色選びが非常に重要になってきます。

小さな生地見本から選ぶのではなく、必ず生地を身体に当てて顔映りを確認してください。「ピンクは色白の人でないと着こなすのが難しい」と思われる方も多いようですが、トーンによって着やすい色がありますのでご安心を。青みがかったピンクやごく淡いピンクは肌の白い人に似合うようです。ピンクに黄みをプラスしたオレンジがかった杏色から唐棣色ですと、ぐんと着やすい色になります。また、「白衿」の効果を忘れてはいけません。洋服のブラウスの衿とは違って、きものの白衿は顔周りが明るくなり、きものの色を中和させて馴染みやすくしてくれる効果があります。とはいえ、やはりピンクは若いときにこそ映える色ですので、着たいと思ったら、時を逃さずに着ましょう。紬はおしゃれを楽しむ装いですので、少々派手なものを選んでも大丈夫です。

ピンク色のきものを着ることに抵抗がある人は、帯にピンクを持ってきたり、帯〆や帯あげなどの小物にさりげなくピンクを使うことで、愛らしい印象に仕上げることができます。あなたに似合うピンク色は必ず見つかります。是非、春の花の趣をきもので表現してみましょう。

今年は年齢のことは忘れましょう。あなたが花の精となるのは、装い次第ではないでしょうか。

青色をまとう

夏のきものは、少しでも暑さを和らげようと色や柄に涼感を求めます。柄で言いますと、「水」にちなんだ意匠が多用されます。水辺の風景に橋や家屋などを添えた茶屋辻《ちゃやつじ》模様は、かつて武家の女性が夏の正装用に着用した帷子《かたびら》（麻織物）にちなみ、現在でも夏のきものに多く用いられる格調高い模様です。また光琳水《こうりんみず》や観世水《かんぜみず》などの流水模様は、季節の草花などに添えることで、涼しげな水辺の景色を優美に作り出します。

一方、色は水辺の景色を連想させる涼しげな「青」系統のものが多く出回ります。青系統の和の色名を簡単に挙げてみただけでも、実にたくさんあり、日本人の鋭敏な色彩感覚をうかがい知ることができます。甕覗《かめのぞき》、水浅葱《みずあさぎ》、浅葱、花浅葱、浅縹《あさはなだ》、縹、瑠璃《るり》、藍《あい》、群青《ぐんじょう》……。

甕覗色とは、ごく淡い水色を指します。この特徴的な名前は、藍染に由来します。藍の草を甕の中で発酵させますと、ドロドロの真っ黒な液体になります。その甕の中に、糸や布を何度も浸けることで濃い色に染めていくのですが、いちばん初めに白布を浸けて引き上げますと、空気に触れて化学反応が起き、ごく薄い水色にサッと染まります。その一度目の染め色を、甕覗と実に雅《みやび》な名前で呼び習わしてきました。

水浅葱は甕覗よりやや濃く、英語で言うと「ライトブルー」でしょうか。夏のきものに最も多く用いられ、好まれている色と言えます。水浅葱から「水」を取って浅葱色になると少し濃い水色に、これに赤みをプラスすると浅縹、いわゆる「ブルー」になります。花浅葱はやや緑がかった鮮やかな青を指します。花浅葱の「花」は、友禅染の下絵に使う「青花《あおばな》（露草の花の絞り汁）」に由来しています。さらに藍、群青、そして紺と続きます。

さて、夏のきものの色合わせですが、数年前までは帯や小物に反対色を合わせ、印象的に仕上げることが主流でした。私は今年（編集部註／二〇一六年）のコーディネイトとして、同系色でまとめ、濃淡の違いを楽しむことを提案いたします。夏の薄物を着るときは、下の襦袢の色も全体のコーディネイトに影響してきます。濃地のものであれば、下に白い襦袢を合わせることで、透けて実際の色よりも薄く見えます。ただし長襦袢の模様を透いて見せることは、良家の子女にはお勧めいたしません。

多彩な表情を見せる「青」。夏の暑さを感じさせない涼やかな顔で、あなた好みの「青」のきものコーディネイトを楽しんでください。

黄色をまとう

木々は赤や黄色に色づき、稲穂は黄金に輝き、野山も街も美しく彩られる秋。国花として、また皇室のご紋章として、いにしえより愛されてきた菊の花の咲く季節でもあります。ここでは、実り豊かな秋を象徴する「黄色」を取り上げることにしました。

黄色のきものは、黄みを帯びた日本人の肌に馴染みの良い色として、季節を問わず種々さまざまなトーンのものが揃います。黄色とひと口に言っても、〝春めいた黄色〟と〝秋めいた黄色〟の、大きく二種類に分けることができます。春の黄色は菜の花に代表されるように、明度が高く、輝くような色。秋の黄色はやや濃く、赤みを少しプラスした落ち着きのある色で、黄金色に実る稲穂がまず連想されます。

晩夏から初秋にかけて、きものによく使われるモチーフに秋の七草がありますが、そこに菊を取り合わせることも多いようです。秋の七草は、秋のあわれや侘びた情趣を感じさせる草花で構成されています。ここに菊の花の黄色を添えることで、寂しくなりがちな全体の景色を明るく見せてくれます。ことに小さな花を咲かせる紫の藤袴《ふじばかま》を引き立てる効果があります。

黄色は中国では皇帝の色とされ、皇帝以外は禁色として着ることが許されませんでした。

一方、古来日本ではあまり尊ばれておらず、聖徳太子が制定した「冠位十二階制」でも紫が最高位、黄色は七、八番目という扱いです。ただし、赤茶がかった黄色の「黄櫨染《こうろぜん》」は天皇のみの禁色とされ、平安時代以降、重要な儀式の際には黄櫨染御袍《ごほう》が着用されてきました。平成の即位の礼の際に陛下がお召しになった衣装も、この色の装束です。

さて、黄色のきもので忘れてはならないのが、琉球紅型です。燦々《さんさん》と降り注ぐ南国の日差しに、鮮烈な黄色が負けずに照り映えます。さまざまにある紅型のなかでも、かつて黄色地の紅型は身分の高い人のものとされてきました。今は自由におしゃれを楽しむ時代ですから、黄色を基調にした紅型独特の配色を参考にしてみてください。

この紅型特有の黄色を染め出すのに欠かせない染料が福木《ふくぎ》で、百年以上経った福木の樹皮から成分を抽出します。琉球時代から防風の目的で各所に植えられていましたが、戦後は数が激減してなかなか手に入らなくなってしまったと言われています。

あなたはどんな黄色をお好みですか？　地色で明るく華やかに、挿し色でアクセントに……。あなたならではの黄色の取り合わせで、秋の情趣を表現してみてください。

茶色をまとう

美しい自然と変化に富んだ四季に囲まれた日本では、古くから繊細で鋭敏な美意識が育まれてきました。和の色はその種類も名前も多種多様。春の桜色、夏の青、秋の黄……そしてここで取り上げる「茶色」についても同様です。

白っぽく明るい「白茶」、薄く濁った茶の「枯色《かれ》」、黒みがかった赤褐色の「栗皮色」、檜の樹皮のような赤茶色の「桧皮色《ひわだ》」、明治時代の女学生の間で袴の色として流行した「葡萄茶色《えび》」、鉄が酸化してできる錆に似た「錆色」、鳶《とんび》の羽のような濃い褐色の「鳶色《とび》」、そのほか春慶色、弁柄色、飴色、蒲色《かば》、金茶……など、実にさまざまな種類の茶色があり、その多様さから江戸時代には「四十八茶百鼠」とも言われました。その背景には、江戸時代初期、富を蓄え贅沢な暮らしをするようになった町人に対して、幕府が度重なる奢侈《しゃし》禁止令を出したことにあります。庶民は派手な色を着ることを禁じられたため、あえて地味な茶や鼠色にその美意識を傾け、微妙な色の違いを楽しむことを粋としました。それぞれの色に当時人気の歌舞伎役者や花鳥風月にちなんだ名前が付けられ、たとえば「團十郎茶」は、市川家の十八番である「暫《しばらく》」で團十郎が着る有名な衣装——三升格子を白く大きく染め抜いた素襖《すおう》——の地色にちなみ、新たにつけられた色名です。

さて、ここでは冬の寒空にも映える、やや赤みを帯びた焦茶色のきものの装いに注目したいと思います。「焦茶色」は地味に思えるかもしれませんが、きものの模様の色柄によっても、また帯や帯〆、帯あげとのコーディネイトによっても大きく印象が変わります。

若々しい印象にまとめたい場合には、明るいミントグリーンやスカイブルー、白などを合わせると、現代的な洋服の配色となります。また、ピンクも赤みがある点で、茶と同系統のため合わせやすく、愛らしい印象に仕上がります。このように、焦茶色はきものならではの色合わせの妙が楽しめる色といえるでしょう。年齢や全体の雰囲気から、あなたならではの装いを見つけてください。

晩秋から初冬にかけて、野山が赤や黄色の紅葉に染まるなかを、あえて同様の華やかな色目のきものではなく「茶」をまとうことで、両者が引き立て合い、美しい景色を作り出します。また樹木の葉が枯れ落ち、モノトーンになる冬の街においても、くっきりと際立つ色と言えます。

年末年始のお出掛けシーズンには、合わせ方次第でクラシカルにもモダンにも、華やかにも落ち着いた雰囲気にも、さまざまに表情を変える「茶色の装い」を楽しんでください。

きものの「格」

きものは約束ごとが多いので、面倒と思われることもありますが、決まりごとがなく、自由にと言われるほうが、ものごとはもっと難しくなります。きものの格は、素材や色や模様によって自ずからきものに備わるものです。染めのきもののほうが格が高いのは、礼装のしるしの紋を白く染め抜くことができるからです。和服地でも洋装地でも「後染めもの」という専門用語がありま す。白生地に織ったものを後から染めることで、礼装、色無地から小紋、夏のプリント服地まで後染めです。染め抜きの紋は最高が五つ。略礼装は一つ紋。紋付のきものを染めることから、後染めのほうが格があるとされます。先に染めてあるものに繡紋をする場合は、次の格になります。

孝の覚え書き■

帯や袖先に心配りを

白地や薄色地の染め帯は、きものに合わせやすいのですが、汚れやすいのが難点です。お太鼓の両端やたれの端、袖先を汚さないようにするには、ちりよけコートを着るのがよいでしょう。自動車や電車に乗っても、シートにお太鼓の部分が触れるとどうしても汚れます。もたれぬよう浅く腰掛けるようにしますが、長時間そんな姿勢ではいられません。短時間なら、隅のほうで斜めに掛ける方法もありますが。またはショールを深めに掛ければ、多少は汚れを防ぐことができますが、白地を汚すまいなどと、身に着けている品にのみ気をとられてはいけません。季節に合わせてひとえコートを用いるなど、帯や袖先を汚さない用意をすれば、心安らかに外出が楽しめます。

第五章

品格ある和の装い

優美に着こなしたい

天馬　正倉院御物
奈良時代　銅器水瓶彫文

装う場と季節の調和

小袖と振袖

新年は晴着を着ることが多いものです。無事に新しい年を迎える喜びを、女性は衣服を改め、美しく装い、家族や知人、友人と楽しい時を持ちたいと思います。きものをたたみながら、いつも思いますが、晴着も普段着も同じ裁ち方で、仕立て上げた形も同じです。しかし、礼装から普段着までの間には各種の違いがあります。それは、素材、模様、色彩などの差です。また現代では振袖だけは袖丈が特別に長く、着る人の立場も違います。

女性のきものの名称は、袖の名で変わっています。「小袖」というのは、古くからある名ですが、今日なお使われています。

平安時代の「十二単《ひとえ》」と呼ばれる貴族の女性の衣服は、世界でも最も美しい色彩の諧調を重ねて着たものです。「襲《かさね》の色目」と言いますが、この衣服の袖は広袖（大袖）です。袖幅は広く、広い袖口は縫っていませんから広袖と呼びます。この広袖の下に白の小袖を男女ともに着てい

七宝つなぎ
金沢本　万葉集　料紙

て、これは寒くないようにと着た下着とも言えます。やがて鎌倉時代から室町時代にかけて武士が台頭し始めました。貴族の衣服が簡略化されて、小袖は下着であったのに表着《おもてぎ》になっていきます。

このことを簡略化して説明していますが、またしても京都人は「応仁の乱」の話をしなければならなくなりました。応仁元（一四六七）年から十年間の乱によって、衣服も「小袖」が表着として一般化するようになりました。これが今日のきものの形となっていきました。

現代の女性のきものは、袖の名称がまず付けられています。「色留袖」「黒留袖」「振袖」と、礼装の場合は袖丈で呼びます。それ以下のきものは、後世の染色や織物の名で「友禅染」「江戸小紋染」などと呼びます。織物のきものは産地の名で呼びますから、北国から南の離島まで各地の名を付けた紬織物がたくさんあります。

さて、現代の女性の第一礼装は、宮中へ参内《さんだい》するときは「色留袖」、個人の祝儀には「黒留袖」、未婚の女性は「振袖」で、以前は本振袖には五つ紋を付けました。今日では紋のない振袖が多くなっています。しかし小袖の晴着は格のある文様を付けることが大切です。文様の品格については別の稿で申し上げます。

晴着には帯の取り合わせが大切です。既にご存知と思い、ここでは帯の模様については述べませんが、茶道具の取り合わせを常々よく学ばれると、きものと帯の季節感や色彩の調和など、自然に理解できるかと思います。

平成二十七年には「琳派の四百年」特別展示が各地の博物館で催されました。桃山時代末の本阿弥光悦、俵屋宗達から尾形光琳、尾形乾山を経て、江戸時代末期の酒井抱一にいたるまで、日本の美を表現してきた流派です。その装飾美は和装にも大きな影響を与えました。琳派の図録や美術書が出ています。そのモチーフを学ぶとき、日本の美が大きく理解できると信じます。若いとき、私は夢中になって描き写して学んだものです。

初釜の装いと心得

新年の用意はたくさんありますが、なかでも十二月のうちにしておきたいと女性なら思うことは、初釜のきもの。例年のことながら一般の新年会とは気持ちが違うものです。

お嬢様は、振袖が第一礼装です。成人式に着た振袖がある人はそれが役に立ちます。この年代の人は、どんな模様でも、何を着ても華やいで美しいはず。

近年少し気にかかるのは、流行ということで、ヘアスタイルが盛り上げてあったり、ばらばらと散らした毛髪が顔にかかるのを、絶えず手でかき上げている人が目につきます。お茶の席でなければ可愛らしいしぐさですみますが、初釜にはふさわしくないと思います。

振袖ですから派手めのヘアにしたいというのはよいのですが、ご挨拶のたびに髪に手を当てるのは、どうかと思います。

流行の髪形でなくてもよいと思います。若々しい黒髪は軽くまとめるだけで充分です。美容室を予約するときにお茶の集まりだからと、ことわっておきましょう。お嬢様は上品に装ってください。成人式のきものでもお茶会にはまったく違った感じに、上品でおだやかな振袖姿に着こなしてほしいものです。

振袖の帯は派手に結びますが、茶室では邪魔になりますから、小さめに、ふくらみすぎぬように結ぶと心得てください。

今日のようにホテルなどで初釜をされるようになってから、お茶会でも立ち居の所作が変わってきたように感じます。


色留袖は第一礼装で、黒留袖と同格ですが、初釜にお召しになることもあります。最近では五つ紋付にしないで、あえて三つ紋付にしておき、比翼《ひよく》仕立てにしないことも多くなりました。祝賀会や知人の披露宴などに出席するときに着やすいように仕立てた色留袖です。

比翼衿の代わりに、改まったときは白の重ね衿（伊達衿）を付けます。ほかの会なら色留袖の地色に配色のよい色の重ね衿を付けます。

訪問着は準礼装として、社交的な場に応用のきくきものですが、お茶の席に着るためには一つ紋でもよいから必ず家紋を付けること。家紋と女紋とがありますが、関西では女親の紋を付ける習慣です。敬意を表現する場合は紋付を着ます。訪問着は肩から胸にかけて模様があって華やかです。若い人は重ね衿を付けて衿元を派手にされますが、中年の方なら重ね衿はないほうが胸元がすっきりします。

色無地のことは既にご存知と思いますが、一つ紋付は若いときからお持ちでしょう。年齢を重ねるにつれての立場もあり、格のある色無地というときは、三つ紋付なら申し分ありません。一つ紋付色無地は無難で重宝ということで役に立ちますが、あらゆる模様のきものを着た方が、最後に着こなすのも色無地です。私は染色の家に生まれたので、そういう方のお茶会のきものを見せていただきながら、今日に至りました。きものは着る人の立場をも表現します。亭主と客との装いの差も、よく見て習うようにしてほしいと思います。

女紋《おんなもん》のこと

＜桐紋＞
太閤桐（五七桐）
五三桐　陰紋
（女紋に多い）
七三光琳桐

袷仕立てのきものが肩にしっとり沿う季節になりました。色無地のきものは既に用意されていると思いますが、いつでも質問が多いのは、家紋を付ける場合のこと。一般には姓名とともにその家の紋を男性が受け継ぎます。女性も同じ家紋を使うことが多いのですが、なかには「丸に違い鷹《たか》の羽《は》」紋のように、男っぽいので丸を取って中の鷹の羽紋を使うことがあります。

西日本では「女紋」という言葉があって、男物とは別に女性のみの紋があります。地域によって習慣が違いますから、多少は曖昧《あいまい》でよいのです。

母から娘へ、さらに孫娘へと代々女性が継承してゆく紋を、女紋と呼んでいます。

東北にも女紋があるそうです。そのほか女性用の「替紋《かえもん》」もあります。習慣の違いですから、現代では特にどの紋を用いてもよいと、私は思っています。

若いときに耳にしたのは、戦国時代に武家が敵味方を判断する標識となる旗などに用いた紋は、遠目にわかりやすい単純なデザインが多く、これを女性の衣服に用いるのを遠慮したことから女紋を別にしたということです。いずれにしても武家も町人も家紋を付けるようになったのは江戸後期のこと。女紋も自由に用いるようになったと思われます。西日本には「母系紋《ぼけいもん》」がありますが、東日本ではあまり見かけない地域もあり、今日では家紋以外の女性の紋は女紋です。

家紋には「定紋《じょうもん》」という名称もあります。江戸時代に大名や旗本は家紋を幾つも持っていましたが、江戸幕府に自家の紋章を家紋として届けました。それが武鑑《ぶかん》に記載されます。それ以外の紋章は「替紋」と呼んでいます。

「加賀紋《かがもん》」は女性用で、加賀友禅染で紋の位置に色美しい草花模様を染めます。その中心に女紋を置きます。大きめのきれいな紋です。

近頃では中央に紋を置かず花の丸模様だけを染めたものや、刺繡《ぬい》で花や美しいデザインを丸くしたものなど、現代的な女性の紋を用いたものを、加賀紋と呼んでいます。金沢の元の紋とは変わりましたが、美しい刺繡紋と思えばよいでしょう。しかし、刺繡紋ですから、正式の白抜きの紋より軽い用い方になります。たとえば、結城紬の無地に花の丸の刺繡紋を入れると、略装でおしゃれ着に。

礼装や晴着には紋を付けますが、近年では振袖には目立たないので紋を付けません。大正、昭和初期の振袖は五つ紋付の礼装でした。

現代の華麗な振袖は、肩から袖に向かって模様があるので上半身の紋は見えなくなってしまいます。

昭和初めの私の振袖は五つ紋付です。袖の模様は袖口から下のほうにだけあり、胸にも模様はなく、今の色留袖の長袖という感じのものです。衣服は時代とともに変わるもので、世につれて明るくなり派手にもなります。家の紋章を正式の礼装に付けて着てゆくのは、相手に「敬」の心を持つ表現です。多くのことを考えさせられる今、まだまだ学ぶことがたくさんあります。

ひとえに着やすい型染のきもの

今までの「更衣《ころもがえ》」では、六月一日からがひとえ仕立ての夏衣《なつごろも》です。ところが現代の温暖化の気温のなかですから、数年前から五月になれば天候に合わせてひとえのきものを着るようにしましょうと、呼びかけましたところ、誰もが感じていたことでしたので、ひとえを着るようになりました。ただし帯だけは五月中は袷《あわせ》仕立ての帯にしました。せっかく五月の花の藤、牡丹、あやめなど染め帯があるのですから、帯はこの季節を楽しむとよいでしょう。その代わり六月一日から夏帯にします。絽、絽綴《つづれ》です。紗《しゃ》は盛夏といいますが、中旬から紗の織り帯を使ってもよいでしょう。あまり細かくいうと、若い人には面倒と思われます。入門者は、夏帯は絽と知っておくとよいでしょう。

長襦袢は絽、麻、洗える絹、化合繊など。半衿は化繊の絽が重宝です。帯あげ地は絽、紗など。帯〆は細めのものやレース編み風の夏向きのもの。特に冬の帯〆の中から好みの色があれば、使うのも自由。汗の季節ですから、特に長襦袢は麻地や洗いやすい化合繊が重宝です。

六月と九月だけに着るひとえの晴着は、紋を付けた訪問着が一枚あればよいかもしれません。

<神社の紋章>
茗荷紋　東照宮
竜胆紋　水天宮
葵紋　日枝神社

若いうちは自分のお稽古に何が必要か、学ぶうちにやがてわかってきます。年齢とともに晴着の数も多くなります。重宝するひとえの一つ紋付色無地は、袷よりも濃いめの色合いを選んでおくと着やすいものです。

そのほか、ひとえには型染のきものが着やすいと思います。京友禅染の型染は、多彩で華やかなものです。中年向きのひとえには江戸小紋を持つとよいでしょう。ご存知かと思いますが、江戸時代の諸大名が各自の藩の定めた小紋《こもん》柄を裃《かみしも》に染めたことから発展し、一般に愛好されるようになった型染ですが、天保年間には上方《かみがた》の商家でも流行したといわれます。洋装関係でも言われることですが、女性が男物の地味なものを着ると、甘い色よりも、女らしさが引き立つことがあります。江戸小紋に不思議なほど引きつけられるのは、その奥行きの深さゆえです。ただ渋いだけではなく、息の詰まるような細かな型染の持つ技《わざ》の心意気を感じるからかもしれません。今日では、若い人は、きものといえば盛装の派手さを考えるようですが、ひとえの季節の明るさのなかで着るなら、すっきりした一色染の江戸小紋を一枚考えてみましょう。

小さい点や細い線が使われていて、白上がりの面は、地色の半分の濃度となります。染め上がりの小紋を手に持ったときと離れて見たときとで、色合いに差があるのを、確かめることです。柄は細かい古典柄ですが色次第で新鮮になります。

若い人が無理に渋い色を着ては似合いません。現代の初夏や、初秋のひとえに着たい地色を選ぶようにします。縫紋をひとつ付けておきます。

白地や薄色の染め帯で季節感を見せながら、肩に軽く、裾さばきのよいひとえを着こなしましょう。すっきりしたきもの美人になります。

帯の移り変わり

違茶実
（ちがいちゃのみ）
三寄茶実
（みつよせちゃのみ）
抱枝楓
（だきえだかえで）

秋のきものと帯について、お役に立つように真面目《まじめ》に考えてみたいものです。染織品の説明に情緒的なことを言うのは簡単です。しかし、今の私は若い人に向かって本当のこと、実際に必要なことを伝えておきたいと思っています。

お茶のお稽古につれて、きものの用意をと考えているときこそ注意すべきで、ゆっくり考えてから買うようにしてください。

すでに一つ紋付の色無地と型染の優しい柄の小紋染のきものなどはあると思います。それに合わせた袋帯となごや帯もあるでしょう。その上に何を加えるかですが、価格の問題ではなく、自分の立場で何があればよいかを考えましょう。

今日では袋帯が礼装用としては最高のものですが、大正時代頃までは「丸帯」という広幅に織った帯が礼装用でした。丸幅を半分に折って帯幅にするのですから、厚地で結びにくいのです。

それで西陣で袋状に表裏を続けて織る工夫をして、礼装用の豪華な文様を織り出したのが今の「袋帯」で、昭和時代になってから出回りました。軽く織ってあり、仕立てをしないで軽めの芯を入れますから結びやすく、流行しました。織元が誇りをもって「本袋帯」と書いてあるものは、袋状に織ってあります。現代では表地と裏地を別々に織り、その二枚の両端を縫い合わせて袋帯としたものを、「縫い袋帯」としてあるのです。どちらも表側のほうには華麗な文様、裏地は地色と同色の無地です。礼装用にも振袖用、黒留袖用、訪問着用などと種類が多いのです。そのうえに近年は「しゃれ帯」と呼ぶ、紬のきものなどに結ぶ柄《がら》の帯もできています。

袋帯は二重太鼓《にじゅうだいこ》に結ぶので形がふっくらして好まれるのですが、結び慣れない若い人には難しいかもしれません。

袋帯は二重太鼓だから格があるとはいえません。「しゃれ袋帯」は、一重太鼓に結ぶ「なごや帯」と同じ格になるように思われます。「なごや帯」というのは、結びやすい一重太鼓になるように、尺の短い帯が作られたものです。

きものは「文様装飾」によるものですから、きものも帯もその織り出された文様次第で格が決まります。たとえば古典的な正倉院文様や有職《ゆうそく》文様、または名物裂《めいぶつぎれ》でも茶道に用いない文様などでしたら、たとえ一重太鼓結びでも、一つ紋付色無地、訪問着、繡紋付江戸小紋などに安心して使えます。

なごや帯の名前は、袋帯を軽くするために工夫されたのが名古屋であったからと伝えられています。なごや帯のなかでの格は、織物の次に刺繡《ぬい》染物となります。「しゃれ袋帯」は紬や型染のきもの向きです。このことを買う人がわかっていないと、洋装の感覚で若い人が暗く渋い配色で統一したり、場違いの装いになることがありますから、前もって知っておいてほしいものです。

素材が上質であっても縞の帯は軽くなるなど面倒なようですが、決まりごとがあるというのも実に面白いのです。

帯の選び方と取り合わせ

きものと帯の取り合わせに大切なのは「色、模様、様式と時代」の三つと考えてほしいのです。和の装いには俳句のように季節感が大切です。たとえば「日本の秋」ともなれば少々落ち着いた色合いが欲しくなります。

きものは洋服のように流行色に左右されませんが、今日ではあらゆるものに流行色を取り入れています。きものにも洋服の色合いを使う傾向ですから、若い人は自分ならどういう色を使いたいかを考えておきましょう。

そして、忘れてはならないのは「格を合わせる」ことです。服飾にはどの国でも「格」があって、必ずそれが合わないといけません。

日本の礼装は、和装のなかでもいちばん簡単といえます。きものの第一礼装のことは、ここでは言わなくてもよいほど決まりがあるうえに、小物は白という約束ごとがあります。

結婚式や叙勲などの礼装はさておいて、この秋(平成二十七年)の訪問着の傾向を見てみましょう。当年は琳派の四百年記念にあたり、宗達、光琳、抱一の作品を博物館だけではなく、美術書から一般誌上でも見るようになりました。最近では美術史を学ばなくても婦人誌で琳派の主な作品を知ることができます。

晴着のきものには古くから琳派の文様を取り入れています。芸術品ですから、そっくりではありませんが、一部分を写した模様のきものはたくさん作られています。

帯の場合は、光琳の「燕子花《かきつばた》図屏風」を写したり、「鶴下絵三十六歌仙和歌巻」も袋帯としてよく用いられています。今年は「風神雷神図屏風」が袋帯に織り上げられていました。

若い人の訪問着は花の模様が多いものです。その上に花模様の帯は「様式」が異なれば合わせにくいので、袋帯に多い亀甲文や七宝文または唐草文など、その訪問着にないような、線で構成された模様を用います。当然のことですが、配色はきものの上に帯を置いてみるといった手数をかけること。さらに、帯あげ・帯〆は必ず丁寧に選びます。色無地の良いところは帯の模様にこだわらず、配色を考えられます。最近は洋服に使っている色合いを和装に取り入れるようになっています。色彩については自分の目が信じられるよう、常々訓練しておきたいものです。

ここでは細部にわたって説明しませんでしたが、調和を考えるには、自分の審美眼を磨いてほしいという想いは理解していただけると思います。

茶道のお道具の取り合わせを学びたいという場合、多くのものを見ておかねばなりません。物の形や色合いを見るといっても、お稽古日に見せていただくだけではわかりません。熱心に色彩を見つめるなら、色彩は記憶できます。きものと帯の取り合わせは難しくはないのです。洋服と違って面積の大きい和服は、色彩の「効き色」の量が難しいかもしれません。洗練された装いを心掛ける若い人には、本気で物や色を見てくださいと言いたいのです。

紬のきもの

近年、お茶会のきものについて質問が多いのは、紬地を染めた訪問着や結城紬の無地などを着る場がわからないということです。

きもの地には「後染《あとぞめ》」と呼んでいるものがありますが、それは白生地に織ってから、染めたり、模様を描いたりの加工をするきもの地です。つまり一般に染めのきものといって、振袖や訪問着などの晴着になるものです。

「先染《さきぞめ》」という場合は、糸を先に染めておいてから織物にするものです。それで織りのきものと呼び、結城紬、信州紬、大島紬などが、その総称ですが、織りのきものは礼装や晴着には使わないとされていました。

結城紬のように織物のなかでは最高級といっても、今まで晴着には使われなかったものは、どのような場所でなら着てもよいのかと迷われるのは当然です。

結城紬の無地に織ったものは、刺繍で家紋をひとつ入れたものが、既に大寄せの茶会で着られています。

結城紬だけでなく、そのほかの地方の紬織物でも、白生地の上に染め加工をした訪問着は軽い茶会ならお召しになってもよい、というような時代になりました。後染物の素材となる白生地の種類が多くなったと考えるとよいでしょう。

ただし、縮緬《ちりめん》系統の生地に染めた礼装とは染め上がりも違いますから、黒留袖などには紬地は用いません。やはり広間の茶会ならよろしいでしょうと申し上げることになります。

結城紬は、非常に冬温かく着心地のよいものです。おしゃれ着としては最高の織りのきものです。先染のきもの地は晴着にはしないと言いましたが、近年では西陣の「絵羽御召《えばおめし》」や「錦織《にしきおり》絵羽のきもの」が創作されて刺繍紋を付けて準礼装となっています。

これも、歴史的にみれば貴族の有職織物の流れをくむもので、高級な先染物と言えます。

結城紬の産地、結城市は、東京の上野から電車で一時間余り、鬼怒川、田川、西の江川に挟まれた長い台地で、古代の住居があったことを物語る土器や石器が出土しているそうです。昔から養蚕が盛んな地で、この地の絁《あしぎぬ》のことが和銅七（七一四）年の調布の記録にあります。

結城紬は真綿《まわた》から引いた紬糸（絹の手紡ぎ）を用い、原始的な手工業技術によって、縞《しま》や絣《かすり》を織り出しているのです。詳しく伝えたい最高の手仕事の織物です。丈夫で長く着られることは着てみてもわかります。

私の母の着ていた結城紬は何度も仕立て直し、裏返しなどして生地は相当に薄くなって軽いので、今、ひとえにして着ています。雨に逢っても布の裏には水分は通りません。生地は丈夫で柔らかな和紙のような感じです。雨の後でも、このきものは、ぴったりたたみますと元通りの紬地に戻ります。母の四十代の頃に着ていた紬が、九十代になった私の重宝な紬として生きています。暗算してみて、百年以上の古いきものが今日まで大活躍していると知り、今も母に護られている気持ちでいるのです。絹織物の生命力に感動します。

織絵羽のきもの

近頃、「織物のきものでも晴着に向きますか」とか「織りには染め帯でないといけませんか」という質問が多く、迷われる方が多いようです。

礼装といえば、結婚式の母親は五つ紋付黒留袖、お嬢様は振袖と言いました。第一礼装はわかりやすいのですが、その次の準礼装やお茶会のきものというと、どこまで織物のきものが着られるかが問われます。

　そこで平安時代の装束をよく見ますと、有職織物はすべて西陣織です。絹糸を先に染めておいて織物としたところの「二陪《ふたえ》織物」「唐織《からおり》」などです。一般に十二単《ひとえ》と呼んでいる女房装束のことは、ここでは省きますが、元禄時代になり、友禅斎《ゆうぜんさい》が完成した糊《のり》を用いた友禅染ができるまでは、絞り染や刺繡で模様を表現していました。織物のひとえのきものを何枚も重ね着しまして、その重ね着の色彩に季節の花の名を付け、「襲《かさね》の色目《いろめ》」として楽しみました。とても簡単に言いましたが、宮中で貴人がお召しになっていたのは、織りで文様を表したものです。

　現代の「小袖」というきものの形になって、染めで色柄を見せるようになり、染めと織りのきものを着る場が変化しました。各地方の織りのきものは、「玉糸」と呼ぶ絹糸のなかでも、繭《まゆ》のときから二頭が一緒になっているものなどですから、どうしても節《ふし》ができる産地では自家製に使うような糸を用います。

　紬糸は丈夫ですが、昔は礼装に用いるような一級品の絹糸ではなかったことが伝えられていて、紬織物は普段着というように言われました。

　時代が移り変わり、現代では仕事着や普段着は洋服を着るようになり、きものは外出や晴の場に着るようになりました。

　そこで、近年までの紬の産地ではそれまで作らなかった絵羽模様を作るようになりました。今、日本各地の織物には訪問着風のきものが作られています。それにより織りのきものの格が問題になってきたのです。

歴史的な伝統があるのですから、同じ絹織物でも、西陣の絵羽模様の「正倉院文様」「有職文様」は格が高く、吉祥文様として用いられます。しかも光沢のある絹織物ですから、繡《ぬい》紋をひとつ付けておきますと、準礼装になります。そして袋帯の金銀の入ったものを取り合わせます。晴着として第一に考えることは、その文様に格があるかどうかです。次に、他の地方の紬織物でも花模様など絵羽風に織り出したものもあるので、着て行く場をよく考えて選ぶことです。

軽快に縞や格子柄を配色良く織り上げた絵羽紬もありますが、どこへ着てゆくかを考えないといけません。格子柄や横段風の絵羽柄は趣味性が強く、改まった席には着にくいでしょう。

お茶会のなかでも格式のある小間の茶事ですと、紋付に礼の心を込め、敬意のあるきもの選びをするべきと思います。大寄せの会、野点などでしたら紬織物でも無地感覚のもの、または紬生地に後染め加工をしたきものが使えます。季節に合わせた帯で楽しみましょう。そういう軽い装いなら織物のなごや帯でも、染め帯や刺繡の帯など、自分の美意識を信じてご自由に……。

礼にかなう装い

茶道のお稽古を始めたので、和装のことを知りたいという若い人が多いようです。

祖母や母親が和服を着ていますと、見て覚えるのですが、近頃は洋服ばかりの方が多くなりましたし、若い人もひとりで暮らしていると、仕事が忙しくて、きものどころではないという日常です。「和」のことをまったく知らないで今日まできたものの、外国人に問われて答えられなかった恥ずかしさから、これから勉強したいという人が、案外多いのです。きものに一種の「憧《あこが》れ」を持ち始めたのは、よいことです。

さて、和洋装ともにその場にふさわしい装いであることが「礼」にかなうといえます。

また、時代とともに装いは多少の変化があります。昔のことばかり言うのではありません。今日の傾向も知り、なぜ、変化を見せたかを知ることにも、意味があるのです。

女性が茶道の修業に参加するようになったのは、それほど古くはないようです。歴史に出てくる茶道のことは既にご存知と思いますが、きものについて茶道の場で着るとよいかということは記録もなく、書かれたものもないと思います。

現代は、まず「形《かたち》」からお稽古に入ると言われます。この言葉も、正しく理解してほしいものです。きものを着る機会が少なくなっていますので、今、年齢相応の華やぎと優美さのある和装を見ることができるのは、お茶の稽古場と茶会ではないでしょうか。

お茶のきものは、季節感と飾りすぎない謙虚さも大切です。ところが近年なぜかお茶会だからと特別に派手に装う人があるそうです。婦人雑誌が撮影にくると聞けば目立つものを着ておいでになるので、写させていただく編集部の人は、もっと落ち着いた雰囲気をと、考えているので困ってしまうという話を聞きました。茶席とホテルでのパーティとは着分けるものです。

きものを着ているだけで若い人は目立ちます。

色無地の楽しいところは、帯が合わせやすいことです。帯の模様を絵画と考えて中心に置きますと、その周囲の色無地のきものは額装《がくそう》でいえばマットとなります。額装や軸物の表装の布は控えめの色が多いのですが、きものの色は年代に合わせます。帯と調和が難しいと思う人が多いのですが、色相の調和と考えると洋服で学んだことが役に立つこともあります。きものの色彩には無限の配色があり楽しめます。かえって若い人は、今後、和の色やきものによって色彩感覚が洗練されるとも言えます。

色無地のきものは、確かによく考えられたものと思います。すべてに大切な「礼」の心を背の中心に付けた家紋で表しています。

色無地は模様がないので、特に季節にとらわれることはありません。好みの色相を選ぶことができます。しかし、きものは面積が広いので明るい色は目立ちすぎます。洋服で使う色より渋め、落ち着いた色を選んでおくと長く着られる重宝な一枚となります。

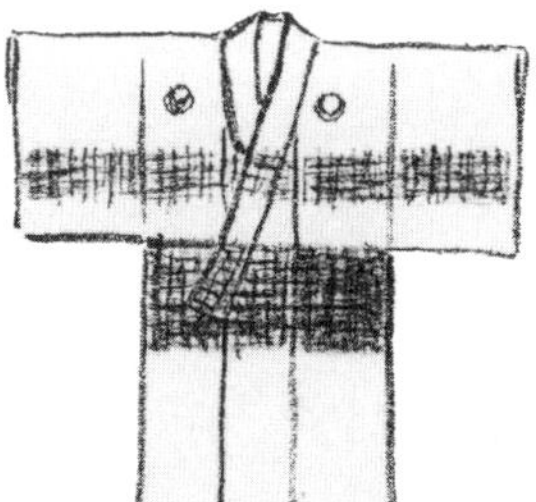

熨斗目(のしめ)
裃の下に着る
武士のきもの

優美に着こなす

雨のコート

古い浮世絵を見ていますと、江戸時代の生活の一部を知ることができるようです。

雪景色のきれいなものにはあまり人物はなくて、雨の風景のほうに面白いものがあります。

いつぞやは、雨の中を歩くふたりの女の姿に、雨の日のコートが描かれているのを見つけました。

裾を短く着たきものの上から、木綿の浴衣《ゆかた》らしいものを着ています。やはり裾は短めに着て、きものの腰紐と同じように裾丈を定めて着ていますが、胸はふくらんだまま帯をしていないので、コートのような感じです。

さまざまな模様のきものがありますのに、女性のコートについての記録はありません。しかし、この情景から、これが雨の日のコートとして用いられたことがわかります。この時代、雨だけでなく旅行着のコートとして着たのは、木綿の浴衣であったようです。

男性の旅装束や雨合羽《あまがっぱ》、または「羽織りもの」は絵にも描かれていますが、女性の旅姿はほとんど見られません。江戸時代の女性は雨になれば外出しなかったのかと思うばかりです。

雨の日のコート代わりに木綿の浴衣を着るというのは、昔の木綿はもっと糸が太くしっかりしていたので雨よけによかったのでしょう。手近なものをコート代わりに使っていて間に合っていたということは、当時の外出は女性の衣服のなかに雨用のコートを必要としない程度であったようです。特に雨なら出歩かず、旅行は男性ばかりのことが多かったものかと思われます。

そういえば、京都の舞妓さんは現代でも雨用のコートに木綿の久留米絣を着ています。赤い紐を付けた「きもの衿」の形です。袖は振袖の寸法に合わせた長い袖で、履物は高下駄《たかげた》と呼ぶ雨用のもので、爪皮《つまがわ》とも、向う掛けともいう足指先を包む皮が付いています。

それに、和傘の大きめの「蛇《じゃ》の目傘《めがさ》」と小道具が揃えば、京都祇園町《ぎをんまち》を歩く舞妓さんの雨の日の装いが美しい絵になります。

しかし、近年は西陣織の雨コート地で赤いものを着る舞妓さんもあります。時代とともに多少は変わってくるのが当たり前と思って見ています。

雨コートには防水加工が必要です。既に防水加工をしたものも売っていますが、今まで着ていた紬地や大島紬のきものをコートに仕立てることも多くなりました。お手持ちの紬や風通御召《ふうつうおめし》を、雨コートやひとえコートに仕立てると重宝です。この場合、コートなら普通の防水加工でよろしい。パールトーン加工は縫糸まで加工されるので、仕立て上がった晴着などの防縮《ぼうしゅく》にはよろしいが、雨コートには特に必要ないでしょう。

日本は雨が多い国で湿度が高く、したがってご婦人の肌もしっとりして美しいのだそうです。ところが、絹織物にとっては湿気は大敵なのです。いつも申しますが、絹物は「直射日光と湿度に注意」。梅雨の後は和服の簞笥を調べて室内で「陰干し」をしてください。

絹のきものは度々着ているものほど傷みもなく、手入れに対して正直に答えてくれる可愛らしいものなのです。

夏のきもののこと

夏に向かって、きものを着てお稽古に出掛けるとなると、改まってきちんと着なければと思うだけで、暑く感じるのではないでしょうか。

しかし今日では、家庭にも乗り物にも、冷房設備があります。茶室にまで目立たぬように冷房が取り付けてありますので、こんなに涼しい部屋で勉強させていただくことをありがたいと思わないではいられません。

また最近は、夏のきもの用の肌着も新しい繊維のものもあり、裾よけにはキュプラの生地が涼しいものです。長襦袢にも既に使用されていると思いますが、絹地よりも化学繊維のほうが汗を気にかけず、汗ジミもできないので安心です。適材適所という言葉のとおり、今日では新しい素材を使いこなすほうがよいかと考えています。しかしきものは、会の主旨や会場にも配慮して選ばねばなりません。

麻のきものは、今までは盛夏の七月、八月用とされましたが、近年では六月から着るようになりました。麻は着てしまえば涼しいものですが、シワになりやすいのが困ります。小型のビニール袋に水で濡らしたハンカチーフを入れて持つと、袖口のあたりのシワくらいなら、水でたたいて平らにすることができます。

汗ジミは注意していても付くものです。濡れタオルを二枚用いて、汗の部分をはさみ込むようにしてたたき、汗をタオルに移します。クリーニングの店に持ってゆけば、何でもきれいになるので、人任せに慣れていますが、自分でできることはやってみましょう。

麻織物で有名な越後上布は、元禄の時代には武家の服制に取り入れられました。今日では稀少価値の麻織物となり、非常に高価です。小千谷地方の麻は、今日では新しい製品もあり、小千谷の麻織物が今後の夏生地として注目されると信じています。

夏には麻を着るものと、ずいぶん昔から、日本の風土に合わせて麻を使いこなしました。

夏のきものだけではなく、洋服地としても使いやすい生地ができています。

麻織物の糸を作る方法はさまざまですが、いずれも雪のある期間に行われます。特に高級な細い糸を績むには、雪による天然の湿度がないとできないと言われています。湿気を失えば糸が折れる。その折れた個所は弱くなるので、切れることが多い。ですから糸を扱うときは、強い火気を近づけない。織り遅れて二月半ばくらいになった場合は、湿気がなくなるので、大鉢に雪を盛り入れて、機の前に置き、その湿気を借りて織ることもあると伝え聞きました。

絹糸で織る場合は、絹は陽熱を好むものです。麻糸で布を織るには、麻は寒冷を好みます。絹は寒に用いて温かに。麻布は暑に用いて冷かならしむ、と言われるのです。

「雪中に糸となし、雪中に織り、
雪水にそそぎ、雪上にさらす」（『北越雪譜』より抜粋）

洗えるきもの地

<家紋　変り桐>
団扇桐（うちわぎり）
南天桐（なんてんぎり）
鷺桐（さぎぎり）

夏の長襦袢と言えば、絹の絽地の長襦袢は晴着用、もう一枚は白麻地で麻のきもの用というのが一般的でした。近年は麻の絽織にした小千谷産の長襦袢が、表地が絹でも麻でも馴染みやすいので、よく用いていました。

そこへ新しい化学繊維の品を勧められたので早速着てみましたところ、最近できたアセテートの絽地は薄くてたいへん着心地がよい品です。汗になっても、汚れても安心で、普通に洗えばよいのです。注意することと言えば、脱水を思いきり短時間にすることだけでした。脱水時間を短くしないとシワがとれなくなるからです。

アセテートの下着は暑い、という時代は過ぎたのです。今は通気性もよく、涼しく、洗いやすく、ここ数年夏はこの長襦袢に決めました。夏の長襦袢は洗えるものを用意したいものです。

洗えるきものと言うと、あの化繊地のお安いきもの、という印象があるのですが、すべてが安いとはかぎりません。大量生産によって柄付けをされた品はお安いのですが、別染めをした品は、実際に手に取ってみても正絹と変わらず、手描き友禅染による訪問着や付けさげは正絹より色彩が美しいものがあります。

当然アセテートはきものの普通品より高いのですが、正絹より買いやすい価格です。

今年は私も透ける生地のコートや夏のきものを作りました。重宝に使っています。

人にも物にも「適材適所」があると思います。今までどおりがよいと思っていても、改良された使いやすいものがあれば、新しいものを使えばよいでしょう。

お茶のお稽古のときや水屋で働く場合、水や湯に濡れるのを厭《いと》っていては、心を込めて手が動きません。着ているものが汚れるのに気をとられるようでは、よい仕事はできないのです。

今は私は染色の仕事をしていませんが、若い頃は染色が大好きで、食事の時間さえ惜しむ気持ちでした。仕事に向かうときは必ず仕事着に着替えます。画家のアトリエ着に絵具が付着しているのと同じ、染色の仕事着は染料で汚れます。それを着ると安心して仕事に取り掛かれるのです。

若いときのことですから、仕事着を脱げば女らしいきものに着替えます。女に戻りたくなるから、好きな色柄のきものに着替えるのです。

今も、机に向かう場合は袖口が汚れてもよいようなブラウスなどの普段着です。

女は着ているものによって気分が変わります。それでよいのだと思いますが、ときには遊んでみたくなって派手な色のシャツを買ってみたりします。しかし、必ず厭《あ》きます。処分するとき、安い派手なシャツの似合わない年齢だと納得して。

その場にふさわしいきものを着るということは、たいへん難しいことです。

茶道のお稽古によって学ぶことは、とてもたくさんあります。水屋で手伝わせていただくとき、自分の立場を知り、きものを選ぶことができる女性は、先生の期待に沿うことができる人かと思います。

針と糸

きものを着ることが多い時候となりました。清潔感を見せる白い半衿が掛け終わると、早く身にまといたいもの。それを付け替えるのに必要な針と糸。白い半衿地は、絹でも化合繊でもかまいません

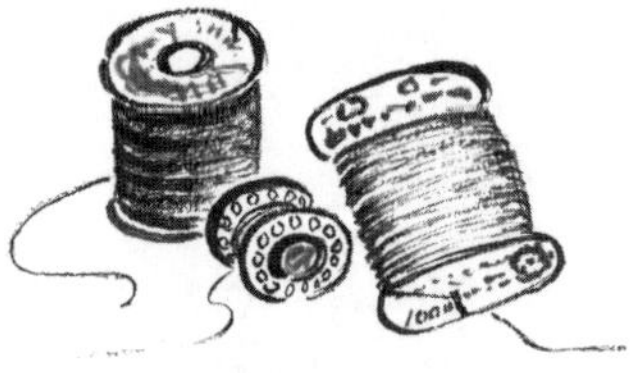
絹と木綿

が、針を持つのは自分の手です。長襦袢の衿元の曲線に自然に沿いながら、ゆるみ、たるみなく、ぴんと張った白い半衿を掛けるのは、私は他人には頼まない大切な作業です。

「針ほど見つめられる商品はない」と、広島の製針会社の社長の言葉を読んで、気がつきました。針の穴に糸を通すとき、針山に針を刺すとき、ときには一本足りないと気がつけば、見つけ出すまで裁縫箱の隅々を探し、元の針山に戻したりします。針は粗末に扱うと危険です。

本当に目を凝らして針を見つめてきました。その針を手にして、半衿を掛けるのですが、布地の性質を知って、衿の内側は引っ張り気味に、衿肩明《えりかたあき》の部分だけ細かい針目、後は粗い目でもよいのです。時計を見て何分でできるかと若いときは急ぎましたが、今はあわてず、心を休める時間を楽しんでいます。どうぞ、面倒がらずに白衿を洗い、取り替えるのが上手になってほしいと思います。きもの姿の衿元の決め手となるところです。衿用として小さくきれいなお菓子の空箱に、何種類かの針を入れ、白糸を入れて、手軽に針が持てるようにしています。その半衿も必要な長襦袢ですが、若い人はピンク地一枚あれば、すべて役に立つと思っておいでのようですけれど、洋装と異なり、長襦袢の色は見せるものです。きものの下に着るものですが、美しい色を選んだり、型友禅染の可愛らしい柄物やら、絞り染の立派な紋綸子《もんりんず》などと、長襦袢に凝りました。最近は外国製のたいへん手軽な紋綸子が出回っているので、贅沢ではなく、化合繊より安い長襦袢地がたくさんあります。染め上がりのなかに好みの色がない場合は、自分の色に白生地を染めてもらえます。案外に手軽なのです。

一越縮緬《ひとこし》に染めた古いきもの地は、裾さばきがよくないので長襦袢には向きません。なぜ紋綸子地を使うかと言いますと、朱子地に地紋を織り出してありますが、生地が薄く、軽く、光沢のある部分はすべりやすいからです。綸子地のほかに、長襦袢用の無地生地もあって、やはり、きものと下着はそれぞれ生地が違うのです。

また、袖の部分だけ、新しい色柄にすることもあり、好みの柄物も使えますが、お芝居の衣装のように目立ちすぎる長襦袢は、ほんの少々見えるだけでも、茶室には調和しません。きもの姿全体がうるさくならぬよう、袖口から見える色、小物の取り合わせなど、きものひと揃いを、用意して見つめておきます。

袖口と袖の振《ふり》にだけ見える色合いですが、平安時代からの色のグラデーションを楽しむ伝統も考え合わせられます。江戸時代の庶民の反抗が裏に贅を見せましたが今は違うのです。現代では、たとえ細く、ちらりと見えるだけでも、美しい色を下に着る。自分だけの豊かな想いがあればいい、そんな想いが年齢とともに欲しいと思っています。

しつけ糸

礼装の黒留袖のきものの衿付けの部分に、白糸の細かい針目で、衿の上に飾り縫いが入っているのをご覧になると思います。

和装の用語では並縫《なみぬい》という、表も裏も同じ細かさの針目で縫うことを言います。ランニングステッチに当たります。運針《うんしん》の普通の縫い方です。

この細かい針目の白糸が衿元や裾口の上にも入っているのが「ぐし縫い」と呼ぶものです。「きせ（被せ）」が衿や裾は少しだけあるのですが、縮むと「きせ」が取れやすいものです。そこに飾り縫いの白糸で押さえてあると「きせ」が動かないので、仕立てがくるいません。

京都の仕立て工房に聞きましたところ、この「ぐし縫い」は京都では付けない習慣とのことでした。大阪や他の関西地方では、付けないのも付けるのも自由だそうです。それでわかりましたが、私の京都仕立ての古い黒留袖にはないのですが、東京で仕立てた黒喪服には、ぐし縫いが付いていていました。今度は、東京の仕立て工房に尋ねましたところ、関東から東北地方にかけて、やはり付けるほうが高級感があるとか。

さらに問いつめてみましたら、東北地方などの雪深い、湿度の高い地方では、縮緬類のきものは仕立てがくるうので、ぐし縫いを付けておくのだそうです。一年に一度着るか着ないかといった礼装の黒縮緬のきものは、桐の簞笥の中でも長い年月の間、そのままでは縮みやすいものです。昔の人は経験によって、そういう生地の礼装は、取り出したときも、折目正しく、仕立ておろしのように、正しくたため、糸仕付《しつ》けをかけて仕舞ったのです。今のぐし縫いはしつけではなく飾りです。

現代では、ぐし縫いがある礼装と、ないのとが同席しています。何の問題もなく、一向にかまいませんから、こだわることはありません。

和装のできる人が少なくなり、上手に縫ってあるのならよろしいけれど、下手な手の白糸が衿元にあっては、ないほうがまし、と思います。

和装の「仕付け糸」を「躾《しつけ》糸」と書くこともあります。ある人の話では、ぐし縫いのきものを着るときに、仕付け糸だと思って、細かく縫ってあるので面倒と言いながら、取り去ってしまった女性があったそうです。仕付け糸の問題でしょうが、親の躾の言葉が今日では、和服にまで行き届かなくなったせいでしょうか……。


縮緬という生地は、雨に逢うと縮みやすい生地です。風呂敷や座布団に用いる高級なシボの高い縮緬は今も同じですが、きもの用の生地は変化して、今は湿度では縮まないので安心です。「一越縮緬」は黒留袖や訪問着に使う生地です。緯糸《よこいと》が、右撚《よ》り、左撚りの強撚糸《きょうねんし》を一本交互、つまり一越ごとに織り込むので、この名があります。「変わり無地縮緬」は地紋がなく、男物にもあり、あまり縮まぬような織り方をしています。「紋意匠《もんいしょう》縮緬」は地緯《じぬき》と絵緯《えぬき》を用い、自由な地紋を織り出します。色無地のきものはほとんどが、この生地を用いています。防水加工すれば防縮もできます。

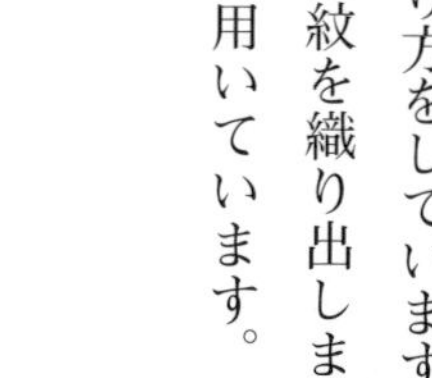

黒地に白糸で、
ぐし縫いをする

裾廻しの今昔

袷のきものの裾のほうに付いている裏布を「裾廻し」と呼んでいます。身頃の裏の上部に付いているのは胴裏です。

このところ、裾廻しの色について迷うという質問が多いのですが、その裾廻しとは、小紋染や紬類のきものの場合でしょう。

以前は訪問着でも表地だけ染めてあり、別布の裾廻しを自由に付けたのですが、訪問着にも共生地の裾廻しを付けるほうが高級感があるので、今は共生地の裾廻しが付けてあります。

黒留袖や色留袖、振袖なども必ず共生地で同色同柄の裾廻しを用いています。

色無地の場合、紋意匠縮緬という生地を使いますが、裾廻し地用にはすべりの良いパレスと呼ぶ生地を使います。これは同色に染めるのが簡単なので、ほとんど今は表と同色の裾廻しで仕立てるようになりました。戦前でも同色はありましたが、表地の色の共薄《ともうす》といって、裏は少しばかり薄めの色。または共濃《ともご》色にしたものです。表とは別の配色の良い色を選んで付けたりもしましたが、別の色を選ぶのは色彩感覚に経験がないと難しいので、面倒を避ける傾向の人は、色無地の裾廻しなら同色と言っています。

以前の贅沢な裾廻しの例として、表地は一つ紋付の無地であっても、上前の裏になる衽《おくみ》の部分に手描き京友禅できれいな柄を染めたりしました。また、型友禅で小紋柄を染めることもありました。今も変わり裾廻しとしてありますが、やはり贅沢な、見えない部分のおしゃれとなります。

一越縮緬などを染めた小紋柄や薄色の無地染めは裾廻しに濃い色を用いると、胴裏と縫い合わせた部分に横線が表に映ります。それで、裾のほうは濃くても三分の一くらいからぼかし染にして、胴裏に続く部分は白にしてあるのを「額《がく》ぶち」の裾廻しと呼びます。表地に裏の色がひびかないので紬地にはこれを付けません。

ついでに注意したいのは、大島紬の裾廻しには大島地の裾廻しが良いように言われていますが、実は大島のすべりが良い代わりに、とても摩擦に弱いので裾の部分がすり切れやすいのです。私は強い生地のパレスを用いて、仕立て上がってから縮み防止に防水スプレーを裏地にかけておくようにしています。

小紋染の模様のある表地には、同色系統の裾廻し地を付けるのが普通です。派手にしたい場合は表地の花柄とか目立つ色の一色を抜き出して用いると安定します。着る人の体格や年齢を考え合わせてのことですが、裾廻しに赤い色を用いるのは流行りませんから注意しましょう。

母親の紬のきものに、えんじ色など赤い色の裾廻しが用いられているとすれば、三十年以上前のきものでしょう。近頃は紬地の裾廻しの色も変わってきて、さっぱりした色を使っています。

関西では裾廻しを「八掛《はっかけ》」と呼びました。今でも和装問屋などでは使う言葉です。

身頃の裾に四枚、衽は二枚、袖と衿先に二枚、合計八枚の布を用いているから八掛と呼びます。男物は表地と同じ寸法の裏地を「通し裏」といって用います。礼装やしゃれ着として男物にも胴裏と裾廻し布を付けて仕立てる場合があります。

三ミリほどの細いトリミングになる裾廻しの色が、袖口や上前の裾から、ちらりとのぞくだけなのに、心を込めて色を選ぶところがきもののおしゃれです。

貝模様唐織（江戸時代）

京の地名

京都の西陣は、日本の錦織物の産地としてよく知られています。能装束の唐織《からおり》、丸帯、袋帯、綴《つづれ》帯、絵羽模様の錦織のきもの、縞や絣の御召のきもの、ショール、ネクタイなど高級な織物を今も製作しています。

「西陣」という名の始まりは「応仁の乱」のときからです。こう言いますと、「やれやれ、またしても京都生まれの人は応仁の乱の話をする」と、あきれた顔をされます。でも、この時代のことを知らないで京都の街を歩くのと、歴史を知ってから見て歩くのとでは大きな差がありますので……。

「さきの戦《いくさ》」といえば応仁元（一四六七）年から十一年間続いた応仁の乱です。この東軍は細川勝元、西軍は山名宗全で、現代の西陣と呼ぶ地域に陣を置きました。歴史の話はこれくらいで止めますが、西陣という産地は有名なのに、実は地名としてはないのです。

京都西陣支店という名が書いてあっても、西陣という名称の町名はありません。でも、タクシーに乗って西陣の料理屋の名を言えば間違いなく到着するのです。まあ、小さい街だからということもあり、碁盤の目のような町作りでわかりやすいからともいえます。

いつぞや、若い女性から「きものを何枚くらい持っていますか」と問われました。どういう

寄木細工

種類かではなく、何枚あるかという質問はおかしいのです。趣味を問うのと、道楽は何かと問うのと同じくらい差があるかと思います。

「京の着だおれ、大阪の食いだおれ」

と昔から言われています。京都の人だから、たくさんきものを持っているとはかぎりません。でも染織の産地です。京都の中心にある中京区、下京区のあたりは八坂神社の氏子で、夏の祇園祭には鉾の立つ地域です。また中京区から北のほうの上京区にかけては、昔から染屋やその関係の家ばかりです。太平洋戦争以前は日本中の染物や織物類を扱う家ばかりでした。

狭い京の町のことですから、親戚のなかには染織に関係のある家もあります。小学校や女学校の友だちのなかには必ずきものにかかわる家がありました。染織品の生産と加工をする地ですから、ときにはキズがあったり、問題のある品ができます。誇りを持つ職人として、納品には多少の間違いでも、外には出せません。世間に出せない品をキズ物、B反《ビーたん》と呼びます。これは一年に一、二点で、売るほど出来損ないを作るはずはありません。こういう出来上がりに問題があるきものを、親戚や友人に見せます。お互いが知り合いですから、ものを買うという感じではなく、お分けいただくという言葉を使いました。

いつのまにやら、このような事情で、京都人はよいきものが手に入ります。目が肥えているものですから、気に入らないものは安くても持ちません。

数は少なくても、上質の品を選びますから、着倒れのように見えますが、昔から京都の女は、あまり無駄な贅沢は好まないものでございます。

秋の彼岸

東京九段の道路を通るとき、靖国神社の近くになりますと、手を合わせ、神社に向かって頭を下げます。その日同乗している人が同年齢なら、理解してもらえますが、若い人ですと、わざとらしくならないように、目をつむり心のなかで拝みます。戦争を経験している人なら同じ想いでいらっしゃることでしょう。しかし、当時を知る人は年齢が高くなってしまいました。

若い人に祖国のために戦死された方の話をするとなると、とても時間がかかります。

でも、私どもが正しく伝えておかなければ、日米間で戦争をしたことさえ、教えられていない若者がいるのに驚かされます。

九月は秋のお彼岸です。「暑さ寒さも彼岸まで」という諺《ことわざ》があるように、秋めいた風が感じられます。きものを着てお稽古に行くのも初秋ともなれば着心地よく楽しみです。もし十月になっても日差しが暑い日は、上旬ならひとえに袷の帯でもよいでしょう。着るものも臨機応変です。

お彼岸には宗旨とは違うとしても、家族が先祖のお墓参りをするものです。さらには日本人として「英霊」を敬い、感謝の念を忘れたくないと思っています。戦時中は女性はきものの袖を切り、「もんぺ」をはき、きもの用の袖のある白いエプロンを着させられました。

お正月に母親が新しい白エプロンを着ているのは、子供心に美しく懐かしいものでしたが、戦時中の愛国婦人会の制服のような白エプロンは町内で竹槍《たけやり》の練習をさせられたことが思い出されて、戦後は好きになれませんでした。

ある会合の席でのこと。『万葉集』の歌が話題となったのですが、大伴家持《おおとものやかもち》の歌で有名な長歌や短歌に話が弾みました。

「海行かば水漬《みづ》く屍《かばね》山行かば草むす屍
大皇《おおきみ》の辺《へ》にこそ死なめかへり見はせじ」（『万葉集』）

大伴家持がこの歌を作られたのは、越中守《えっちゅうのかみ》の館にいる頃に詠まれたものとか。私どもは万葉集に凝っていた時代でしたが、女学生の多感な日に、この歌がラジオのＮＨＫから放送されていたのです。昭和十二年頃のことで国民精神強調のためとして、信時《のぶとき》　潔《きよし》先生の作曲でした。

太平洋戦争が始まりますと、戦果発表の放送にも「海行かば」が始めに流されたように覚えています。静かで好ましい荘重なよい曲ですが、やがて戦死者の遺骨を迎える場合にも使われるようになりました。

音楽の印象が強く心に残りますと、その曲を耳にすると思わず泪ぐむことがあります。

万葉集歌の話が「海行かば」となり、私たちは英霊となった人のことを思い出し、言葉少なくなってしまいました。同じ想いで黙する時間を持つ大人たちです。万葉人の声を感じました。

「淡海《あふみ》の海夕浪千鳥《ちどり》汝が鳴けば
心もしのに古《いにしえ》おもほゆ」（『万葉集』柿本人麻呂）

近江の湖近いホテルでの集まりでした。

れた六つのくぼみがあることで輪郭に変化があり、文様に使いやすいものです。

古くからなぜか雪のことを「六《む》つの花」と呼んでいます。顕微鏡のない時代に、そういう名称を用いたのは、不思議に思われます。

江戸小紋の雪輪文には、型紙を彫りにくいからと五つのくぼみのものもあります。雪輪文として使われていると、雪輪らしいと見るところが慣習による文様の曖昧《あいまい》な面白さ。紋章にも江戸時代以降には、雪輪文が使われ始めました。

雪輪文は冬に使うとはかぎりません。夏のきものや帯、または浴衣《ゆかた》にまで用います。季節はずれとは考えないで、雪という寒冷な文様をあえて夏に用いて冬の寒さを思いやる、という風流のひとつと考えられます。夏帯や浴衣を注意して見てください。

大きい雪輪の円形の中に細かな小紋柄とか、秋草などを描けば立派な夏の文様です。また、雪輪の円形を鱗《うろこ》状に重ねて置き、「青海波《せいがいは》」のようにすることもあります。日本独特の「見立て」の文様として、織物の帯の図案《デザイン》にします。

江戸小紋にも雪輪文は季節を問わず用いられています。雪や雨や霰《あられ》といった天象文様を、きものの図柄として着るのです。風景の絵巻物のような図案をも、きものの文様として着ています。外国では考えられないことで、絵画的なデザインを染めて着ているのです。

しかも、季節を表す風物詩のような画題を持つ凝った衣装です。

これだけ凝った意匠となると、和装の場合、きもの、帯、小物まで、たっぷり絹を使いますから、お誂え仕立てのきものは高価だと思われるかもしれません。しかし、使用年数を考えますと、まず二十年以上着るのですから、洋服に比べると経済的なのです。

きものや帯の文様は、雪文のように古典のほうが、飽きがこなくてよいと思っています。新春を迎えたのですから、色彩にはやや現代の明るい色を用いて、今年のあなたの女性美を見せてください。

梅に学ぶ

「なにはづずにさくやこの花冬ごもり
　いまは春べとさくやこの花」
（『古今和歌集』仮名序）

梅を「この花」（木《こ》の花）といい、「初花」とも「花の兄」とも呼ぶのは、春の真っ先に咲く木の花だからということです。

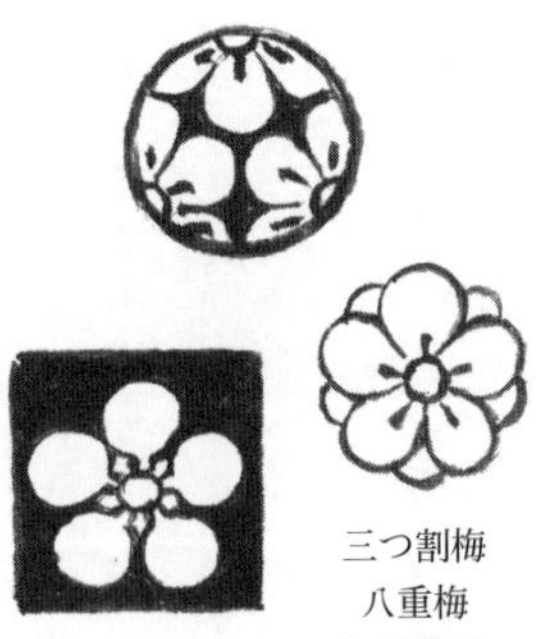

三つ割梅
八重梅
加賀梅鉢

梅の異名は多く、「花魁《はなのさきがけ》」「春告げ草」などとも言うだけではなく、「清友」「清客」とその品格のある清楚な花が好まれ、「匂い草」とも呼ばれるほどの芳香が愛されたと思われます。

「色よりも香こそあはれとおもほゆれ
　誰《た》が袖ふれし宿《やど》の梅ぞも」
（『古今和歌集』読み人しらず）

「誰が袖」という匂い袋や振袖のブランドもよく知られていますが、「誰が袖屏風《びょうぶ》」は有名です。もうひとつ、「MOA美術館」のみやげ品や絵葉書にもなっている光琳の屏風「紅白梅図屏風」は、誰もが思い出されることでしょう。

寒中に香り高く咲く白梅は、歌人ならずともしばし立ち止まって、この花の馥郁《ふくいく》たる香に心が静まるように思います。

「老松」という謡曲に梅の異名が出てきます。中国の故事ですが、「国に文字盛んなれば、花の色を増し、匂い常よりまさりたり、文学廃《すた》れば匂いもなく、その色も深からず、さてこそ文を好む、木なりけりとて梅をば、好文木《こうぶんぼく》とは付けられたれ」。特に香の高い白梅の一種に「好文木」と名付けられた品種があるそうですが、一般にはこの異名はあまり使われていません。

天神さまとあがめられた菅原道真公が梅を愛されたことから、飛梅の説話ともなっていますが、人の心を梅が知ると伝えられるのも、梅の高雅な花と香に寄せる人の深い想いが、いろいろな物語となったかと思われます。

さて、梅の文様のきものや帯をお持ちの方は多いと思います。一月から三月末まで使えますので、私の梅の帯は毎年お正月から出番が多いもののひとつです。梅だけの文様のきものも、たっぷり三か月役立つので贅沢なきものでもよいでしょう。新年会など晴の席が多いので桜よりもよく着るかもしれません。松だけや竹のみの帯を用意しておけば、梅を主役にしてめでたい場に着映えがします。四君子《しくんし》の文様は「梅、蘭、竹、菊」ですから季節を問わず使えます。

色も香も愛《め》でたい梅は、その実まで人の役に立ちます。「梅染」は梅の木の幹や根を煎じた染液を使います。媒染剤によって、色は変化を見せることができます。梅に学ぶことがたくさんあることを知り、天神さまの細道を通り抜けて、無事に神殿にたどりつき、今年も祈りたいものです。

「花も実《み》もある木」は梅のほかにもあります。「花も実もない木」には別の力があるはずです。「花はあったが何とも実のない話」だったという講演会が、いつぞやあったそうです。

話の花なら、仲間だけで盛り上がればすみますが、講演会の券を売った場合は、実のない話では申しわけないことです。ときには若い人にお話しをさせていただくことがあるので、私も人の噂を聞くと自戒することの多い新春でございます。

橘《たちばな》文様

「雛祭」のお人形が店頭に飾られる季節となりました。旧暦三月三日は、もとは「上巳《じょうし》」の節句で、厄除《やくよけ》の祓《はら》いをしました。

現代でも鳥取県などで行われている「流し雛」のように、平安時代から「巳《み》の日の祓い」は、白紙の人形《ひとがた》（紙を切って作った人形《ひとがた》）で身体を撫でたあと、その紙を水に流して穢《けが》れや災厄を祓う行事をしたものです。今回は雛段飾りのなかで、必ず左右に置いてある「左近《さこん》の桜」と「右近《うこん》の橘」のことを申し上げたくなりました。若い人は橘を知らず、絵を見てもわかりません。

伝統的な文様の京友禅には、松竹梅やめでたいという植物のなかに「橘」の木の葉や実が染め出されていることが多いのです。家紋にも文様にもありますが、今では何の実かわからなくなっています。蜜柑《みかん》に似ていますが違うものです。

垂仁《すいにん》天皇の時代のこと。四季に絶えることなく、不老長寿の妙薬とも伝えられる輝く木の実を探すようにと、田道間守《たじまもり》に命じられました。

＜家紋＞
橘
枝橘

そして海を渡って常世《とこよ》の国へ、果実を探しに出掛けたと記されています。神秘的なこの果実こそ「橘」です。田道間守は苦労の末、実を探し持ち帰ったところ、天皇は既に御隠れになったあとでした。垂仁天皇の御陵《みささぎ》に橘を献上し、慟哭《どうこく》したと伝えられています。『古事記』には御陵に献じた実の半分は大后比波須比売命《おおきさきひばすひめのみこと》に献じられたと記してあります。

その後、数百年して、橘は我が国に根付き、樹木は大きくなり、この木の実は常世の輝きを持ち続けたと伝えられています。『万葉集』には大伴家持《おおとものやかもち》の橘の歌は二十五首もあります。「橘の歌」として詠まれた長歌の中の実を愛でる部分を引用させていただきます。

「橘のなれるその實は　ひた照りに　いや見が
欲しく　み雪ふる　冬に至れば　霜置けども
その葉も枯れず　常盤《ときは》なす　いやさかばえ
に然《しか》れこそ　神の御世《みよ》より宜《よろ》しなへ　この橘を
時じくの　香菓《かくのこのみ》と　名付けけらしも」（『万葉集』）

橘は「ときじくのかくのこのみ」（知らぬ果實）と名付けられ、ほめたたえられました。

兵庫県豊岡市には、田道間守を祀った神社がありまして、お菓子の神様として全国の菓子関係の人に崇敬されています。

「橘は實さへ花さへその葉さへ
枝《え》に霜置けどいや常葉の木」（『万葉集』聖武天皇）

文化勲章のデザインは、昭和天皇の御意向によって、橘です。文化の永遠を象徴する樹木と認められてきたことがうかがえます。

※藤原茂樹先生の御著書を参考にさせていただきました

鏡裏文《きょうりもん》

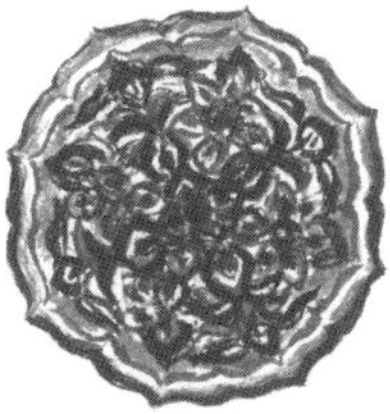

鏡裏文(袋帯より)

「鏡だけは、いつも磨いておくようにと、若いときから厳しく躾《しつけ》られました」と手が空いたときは、大きい鏡を丁寧に拭いたり、磨いたりしていらっしゃる美容室の先生。もう二十年も私が通っている近くのお店です。そういう言葉を聞いた日から、この先生のお世話になりたいと決めたのです。私も家の中のあちらこちらに鏡を掛けているのですが、台所の柱に鏡があると、後ろを振り向かなくてもよいので重宝です。でも、忙しいときは、拭くことはわかっていても後回しにして、一日が過ぎてしまいます。

お化粧だけではなく、きものを着るときは誰でも鏡の前に立ちます。特に衿元は手加減でもわかりますが、やはり鏡で正面を見ないと整いません。帯も後ろの部分は鏡を見なければなりません。こんなに役に立ってくれる鏡なのに、磨く手間を惜しんで済ませているのは、申しわけないこと。姿見《すがたみ》と呼ぶ長い鏡には「鏡掛け」を必ず使いますから、鏡はあまり汚れませんが、壁面に嵌《は》め込んだものは、クリーナーを使わないといけないのが面倒です。

鏡は正直で、きものや帯のゆがみはすぐに見せてくれます。しかし、「気持ちのゆがみ」は映してくれないので、自覚しにくいようです。

ここで「心の鏡」などというのは苦手です。

鏡よりも厳しく自分の姿を映してくれるものは近頃のカメラです。携帯電話《モバイル》でも写せるようになって、素人の下手な写し手による写真ほど恐ろしいものはありません。知らない間に食べ物を口に運んでいる顔など撮影されると、我ながらいやな口元だと思います。本来は食事中の人を写してはいけないのですが、テレビなどがしているから許されるように思うのでしょう。

うぬぼれ鏡という本物よりよく見える鏡もありますが、自宅では光線などに注意していないため、普通に映ります。うぬぼれ鏡の反対の忠告鏡があるといいと思っていました。現代の携帯写真はまさにそれでした。プロのカメラマンは被写体の良い面を選んで写します。美しく見える光線や角度に気を使って、できるかぎり美しい表情を引き出して写してくれます。ときには心にもないお世辞で「とても美しい、きれいですよ、はい、にっこり」などと言いながらシャッターを押し続けます。その中には一枚くらい美しい笑顔もあるものです。

欲しいと思うのは、プロの写真ではなくて、素人が勝手に写した無意識の女の姿。帯もゆるみ、姿勢の悪いのや、口を開けているのや、足元の定まらない立ち姿など、欲しくないような写真です。これが反省のもとで、姿勢をよくする助言となります。鏡は自分の目で甘やかして見ていますが、他人の目は厳しいものと思い知らされます。

古鏡《こきょう》の裏面には美しい文様があります。その文様で古鏡の年代がわかるのですが……。鏡裏文様は実にきれいです。

人間《ひと》の持つ鏡には裏表があるものです。

波文様

夏になると涼しげな「水」の文様がよく使われます。「水」のなかでも「波」は千変万化の表情を見せるので、その印象は人によって異なるようです。波を見る場所、波に感じること、人それぞれの想いがあります。

<波の家紋>
渦巻波
波巴
荒波の丸

さざなみの動く静けさから、逆巻く怒涛《どとう》の激しさなど、古くから絵画にたくさん描かれてきました。特に戦国時代の武士は、寄せては返す波を見て、戦場の駆け引きを思ったと言われています。現代では経済界の相場の変動を見つめる人々が、武士とは違った目で波を感じていることでしょう。

波をデザインした文様は多くあり、絵を見ればわかりやすいのですが、文字にすると、想いが広がります。

大波、小波、立浪《たつなみ》、荒波、遠波、片男波《かたおなみ》、女波《めなみ》、波頭《なみがしら》、流水（小川の水）、家紋にある抱波《だきなみ》、波の丸、静止する水の観世波《かんぜなみ》、様式化した青海波《せいがいは》、渦巻波《うずまきなみ》、画家の名の光琳《こうりん》の波、など。

夏物のきものや帯に波の文様が美しく使われていますが、そのいずれもが様式化されていて優美な波です。平和な世の中で涼しげな意匠が多いのは、ありがたいことです。

ひとえ仕立てのきものから、絽や紗の薄物のきものに移る前の十日間ほどのおしゃれ着として、「紗合わせ」のきものがあります。六月と九月の、短い間に着るきものですが、今年（編集部註／二〇一四年）の染め上がり品を見ましたところ、紫陽花、秋草文様、波文様が美しく、目につきました。なかでも紫陽花は美しい色ですが、この花は六月のもので九月には庭には咲いていないので、九月には着ないほうがよいかもしれません。

「パリのホテルには秋にあった」などと言わないでください。あれはピンクのフランス産です。日本では、お召しになるなら素直に考えましょう。秋草文様は大好きな日本の文様ですが、六月にはやや早すぎます。九月だけにお召しになる方になら、お勧めです。六月も何かときものを着る機会が多いのですから、以前のような毎月の短い期間だけの晴着はとても贅沢です。

このように考えて選ぶと波文様は無難なものです。肩の部分と裾の文様に白上げの上品な波文なら紗合わせ、または絽地の訪問着にさっぱりして涼しげです。波の上に舟などありますと、その舟の種類によって帯合わせが難しくなりますが、波だけなら帯は自由です。

取り合わせのことは、お道具などでよくご存知と思いますが、季節感など考えて、シンプルなほうがよろしいと思います。

波文様の帯は夏物には多いので迷いますが、自分の夏のきものの文様が、どの時代の様式のものかを考えてほしいのです。たとえば光琳の波と北斎の波とは違うことは誰でもわかります。普段から日本の美術を折に触れて見ておいてほしいと思います。

海に囲まれた我が国の画家は波を写生し、絵巻物には、さまざまの波があります。さらに文様化した波には古典文学が隠されていることもあります。夏こそ日本の波に注目したいと思います。

扇と要

お茶の扇は、あおぐためには使いません。友人から実用的な風を送るための扇が送られてきました。日本中が今のように電化されていなかった昭和の戦前・戦後の時代には、扇は夏の必需品でした。お中元の季節には、銀行や食料品店などから、毎年必ずといってよいほど男物の扇が届けられました。

やや大型で細い紐の付いたあの扇を、まだお持ちの方があるかと思います。最近は扇を配ることなどなくなりましたが、ミュージアム・グッズとなって、名画の一部を写した扇もあります。今の若者は扇を使うことはないようですが、以前、冷房設備がない頃は、誰もが夏扇を持って外出しました。

女の夏扇は帯に挿すアクセサリーのようで、茶扇とは別に買いました。現代では扇袋とともに売っていますが、きものなら帯に挿すことが多いので、扇袋は、仕舞扇、舞扇などに美しい裂《きれ》を使いましたが、普段使いにはなくても済みました。今は洋装が多く、扇はハンドバッグに入れると傷むので、袋を作るようになったそうです。

三つ扇　扇円文

平安時代前期に、扇は日本で創始されたと言うと「中国から入ってきたのではなかったのですか」と若い人が言います。すべての文化が中国からと思っているのも、歴史を本当に勉強していないからです。

中国の団扇《うちわ》があり、角力《すもう》の行司《ぎょうじ》が持つ軍配《ぐんばい》もありますが、九世紀頃から宮廷の礼装に持たれた檜扇《ひおうぎ》は、折りたためば小さくなります。

扇は紙張りの持ちやすいものになり、中骨を両面から美しい紙で包んだ今のような形になりました。扇の歴史は調べますと非常に長くなります。暑苦しいほどの古く長い話はやめます。

涼を取るためであった扇が、後世になりますと、儀式に威儀を正す持ち物となってゆきました。中啓《ちゅうけい》という、親骨が外に向かって反っている扇は、能楽でも位の高いシテが持つ扇です。扇が日常使われなくなったからですが、いつぞやあるお嬢様が扇の要《かなめ》を上のほうに、紙の部分から帯に挿し込みました。あっと驚いたのは私だけではありません。

「それでは紙が傷みますよ」と言えば、

「取り出すのは竹のほうだから持ち直さなくいいでしょう」と。

左手で押さえて右手で扇を取り出してから持ち直す、と教えるのに時間がかかりました。

神社へ扇を奉納することもありました。神殿で神官が笏《しゃく》を持ち、神に申し上げますが、扇も神に祈るとき用いられました。

結納など祝儀の贈答品に、扇を交わします。茶道では、扇を結界としています。

世が平和な時代には「扇合わせ」「扇流し」などの風流な遊びがあり、庶民さえも、その扇文様を楽しみました。扇紋は武家の家紋にも使われてきました。「要」は大切な点です。昔は扇の要をはずしては、神との絶縁となり、不吉とされたそうです。

襷《たすき》を掛ける

暑さも彼岸まで、ようやく袷のきものが肩にしっくり沿う十月。しかし盛夏物やひとえの片付けを、早くしなければ、と思うもので、十月は案外忙しいようです。名残の茶会には、特に改まったきものの用意はなくても、初秋の会のご案内が何かと多い季節です。

「襷掛けで働く」と言えば、甲斐甲斐しく立ち働く女性の姿が思い浮かぶのは中高年。近年では襷という字もあまり使われていません。主婦も襷掛けで働くということは、まずないようになりました。

茶会の水屋では、襷でなく、袖口から袂《たもと》を包んでしまう水屋着や、袖を隠し、前掛けの部分

鳥襷文(平安時代)

が裾までの長さのエプロンもできています。

「『手助《たすき》』にて、手の力を助くるよりの名なり」と伝えられていますが、きものの袖が、働くときは邪魔になるので、袖を束ね上げる紐を襷と呼びました。背中ではこの紐は自然に、斜め十字になるところから、文様にもよく襷の名が出てきます。

腰紐用の紐の長さでよいでしょう。紐の片端を口にくわえ、左袖下から紐を肩に上げ、背を通って右胸に下げたとき、紐を左手に持ち替え、右袖口下を通り、左肩に持っていき、くわえていた他方の紐と結びます。背中で斜め十字になっていて、両袖口は汚れないように後ろに引かれています。文字ではわかりにくいようですが、一度わかれば手のほうが動きます。

小学校のときに、紅白の鉢巻きや襷を運動の時間に使いました。仕舞うときには五角に折りたたみましたが、今でも腰紐をこの形にたたんでおくと、片付けやすいのです。

各地方によって差がありますが、色とりどりの襷が祭衣装に使われています。背の中心で大きく蝶結びにしたり、細めでも赤い襷をきりっと利かせたり、さまざまのようです。

「あかね襷」の茶摘みの唱歌もありました。田植えの早乙女も紺絣《こんがすり》に赤い襷。京都の大原女《おはらめ》の襷は古風な友禅染の赤くきれいなのを幅広めで用いていました。

上代では神を祀るとき、男女ともに神饌《しんせん》に袖が掛からぬように使った紐が襷と伝えられていて、古墳時代にもその名称があったそうです。

埴輪《はにわ》の巫女《みこ》像は右肩から左脇に向けて襷を掛けているのと、後世のように襷掛けにしているのとがあります。その衣服は筒袖でもあり、宗教的意味合いが濃かったようです。

正倉院の時代から現代まで襷文の変化文はたくさんあります。「鳥襷文《とりだすき》」は有職文《ゆうそくもん》のひとつ。鳥を背中合わせにひと組とし、四方に置いて円形を作り、その中に花菱や小葵《こあおい》などを入れて連続させると、七宝風になり鳥文様が襷状になります。

ことわざに「帯に短し、襷に長し」という言葉がありまして、布を見て言うことのようでありながら、実は、人に向かって使ったように感じていましたが……。

異国《ことくに》ぶり

師走の東京は、クリスマスの飾り付けとともにジングルベルなどの音楽が流れています。

今の子供は、それが日本の歳末の習慣と思っているかもしれませんが、私どもの若い日の頃のことを振り返り、少し考えてみますと、宗教的な問題《こと》には触れず、社会的なところは目をつむり、外国のものを、実に上手に日本は取り入れることができています。ここでは染織品の文

外国のグラスと
江戸切子盃

様についてのみ申しますが、歴史に見るとおり、舶載《はくさい》の文様をいつのまにか完全に消化して、元よりも美しく見事に我が国の衣装に使いこなしています。

きものや帯の文様をよく調べてみますと、古い時代に舶載されて入ってきた文様《もの》が、とてもたくさんあります。

奈良時代に東大寺に献納された聖武天皇の御遺愛品を納めた倉庫が正倉院です。校倉造《あぜくらづくり》と呼ぶ高床式の特別な建築のお蔵です。今は宮内庁が管理していますので、勅封になっています。大切に日本で護られていたので、中国にはもうないといわれる唐文化を語る品もあるそうです。この中には中近東から唐を経て我が国に入ってきた染織品が種々あり、その文様を、現代では「正倉院文様」と呼んでいます。日本最古の舶載の品で、どこか異国情緒が薫る文様です。袋帯などに復元されています。

織田信長は外来品を好み、ラシャ地のマントなどを身にまとい、新しい衣服を楽しんでいたように伝えられています。「名物裂《めいぶつぎれ》」の文様も、室町時代以降にインドや中近東、中国などから渡来した織物ですから、どこか異国を感じるものがあります。

唐草文様を「つなぎ文」と呼んで和風の染織意匠に用いました。「縞」という字は、隣の島国から我が国へ渡ってきた高価な織物のことで、日本製の字です。

インド更紗《さらさ》は茶人や趣味人を喜ばせました。亀甲文や青海波文も今や古典文様になっていますが、ロンドンで見つけたペルシャの鉢に青海波文がありました。うれしくなって骨董屋であまり値切らず買ってしまいました。

すっかり日本の文様になって、古典文様とも呼ばれているものがたくさんあるのです。手持ちのきものや帯をよく見てほしいものです。

日本人には何でも咀嚼《そしゃく》して、自分の美を加え、新しい文様とする力があるようです。

お茶のお道具のなかに、さまざまな異国の品も使いこなされていると思います。

京都の街にもポルトガル語の地名があります。「都ぶり」という言葉を京都人は大切にしています。今、私たちは「異国ぶり」を消化して自国のものとして、さまざまに楽しんでいます。

近年は、仕事のため外国に住んだことのある人が多くなりました。私にとって、英国やイタリー、ギリシャなどのような「異国」は遠くにあって、懐かしむものでいいと思っています。

第七章

日本の伝統美が凝縮した
暮らしの歳時記

梅便り

百人一首

子供のとき、お正月には「百人一首」でよく遊びましたと言う人。「百人一首」という名は知っていますが、その和歌のことは知りませんと言う人。テレビが普及していたので、「歌かるた」など見たこともないと言う人。

昭和初期の子供たちは、意味もわからないまま和歌を暗誦《あんしょう》させられ、それがゲームとなると夢中で記憶しました。天皇様やお公卿様のしらべのよい和歌は、覚えやすくて小学生のときにほとんど暗誦できるようになりました。それは冬の室内の楽しみとして、庶民の子供たちに溶け込んでゆきました。やがて、二十歳近くなると、初めて「恋の歌」の意味を知るようになり、『万葉集』と『古今集』の歌の違いが感じられるようになりました。私も短歌の同人誌の仲間に入れていただきました。しかし、私は歌人になるなど思いもよらず、相手もないのに相聞歌《そうもんか》を書きたいという望みでした。

短歌の専門家ではないので随筆として今年（編集部註／二〇一三年）は、女性誌に「百人一首」を現代の感性で読み返してみる機会を与えられました。上の句を聞けば、下の句はすぐに出てきます。百首くらいは、十歳までの子供でしたら、記憶することは誰でもできるのだそうです。

『小倉百人一首』※のほか二冊をゆっくり読ませていただきました。おかげで楽しい読書の時間を持つことができました。「歌かるた」の「カルタ」はポルトガル語。英語のＣＡＲＤです。種子島《たねがしま》に漂着した貿易船（一五四三年）がもたらしたカード遊びです。和製四十八の「天正かるた」が九州にできました。外来の「かるた」は、古くからある優雅な「貝合《かいあわせ》」か「貝覆《かいおおい》」の遊戯と結びつきました。

　紙製の「かるた」は庶民の間でも流行しました。現代《いま》流行のゲームはニンテンドー。私どもがお正月に遊んだ「百人一首」や「花札」も京都の任天堂でした。女の子はなぜか「花札」で遊ぶなと言われましたが、図案化された花札の絵は面白いので、手に取って四季のデザインとして眺めていました。

『小倉百人一首』のなかに恋の歌が四十三首もあります。小学生だったから大きい声で読み上げていたのでしょう。意味がわかってくると、このような恋文を受け取れば、きっと逢いに来たくなるものかと、その和歌のしらべのよさは、作家の入門書として何度も暗誦したものです。

　一首のなかに深い意味を込めて、世に問う法師の歌を、改めて読み解くことも知りました。人を恋しく思い出す歌は、ありし日の殿上人の栄華をなつかしむ哀艶《あいえん》の色とも読めるようになりました。洗練を極めた和歌は詠む者の年齢に従い、内容の哀切を感じることができるようです。お正月には子供も晴のきものを着せてもらいました。若い男女が座敷に集まるのも、晴がましいことでした。

さて、新年の一首を挙げるなら、「山部赤人《やまべのあかひと》」もとは『万葉集』の反歌《はんか》（巻三・三一八）。

壮大で典雅な和歌です。

「田子の浦ゆうち出でてみれば真白《ましろに》ぞ
富士の高嶺《たかね》に雪は降りける」（『万葉集』）

※日本古典新書　犬養 廉《きよし》訳・註　創英社

着更着《きさらぎ》

「如月」「着更衣」、冴えかえる寒さが続く日々なので、衣を更に重ね着るところから、この名があると言われます。寒気厳しいことを冴えかえるという意味で表すのが、若い頃から好きでした。寒月とも言いますが、冬の月の冷たく冴えたさま、日本の山野、日本の屋根の上にある厳寒の月、それも冴えかえる引き締まった寒さを感じさせるものです。

今年（編集部註／二〇一四年）の節分は二月三日です。四日は立春、季節の移り変わりを暦の上に名付けられた節《せつ》の名で、「四立《しりつ》」があります。

立春、立夏、立秋、立冬と、季節の区切りとなる表現です。手紙などの挨拶に使うこともよくあります。この立春から数えて八十八日目は、「夏も近づく八十八夜」の茶摘み歌があるように行事の目安となっています。

このように暦にこだわるのは、「更衣《ころもがえ》」が新暦と旧暦とでは差があり、我が国の古来の季節感を基に衣服を改めるとき、現代の温暖化の場合では迷うことが多くなりました。

初めて振袖を着せてもらったときは、いつもと変わる自分の姿に感情が高ぶっていますから、寒さも感じないうえに、美容室やホテルは暖房が行き届いているので寒くはありません。

しかし、晴着の場合は薄着ですから、普段着のウールの洋服よりは寒いはずです。神社詣などして歩いているうちに、肩のあたりが寒くなってきます。

衿元の抜き加減ですが、盛装のときは少しばかり衿元を抜いて着ますが、お嬢様はあまり衿を抜いて着ないものです。衿元で着方が決まりますから、お嬢様と舞妓さんとではまったく違います。ただし花嫁さんの場合は、「つと」と呼ぶ後ろに突き出ている日本髪が、衣服を汚さぬように、衿をぐっと後ろに引きます。このように各々の立場、事情で衿元は違ってくるのです。

今、私が言いたいのは、現代の振袖を着せてもらったお嬢様の衿が抜きすぎ、ということが気にかかることです。美容室は記念写真のため最高の着付けをと考えてのことと思いますが、花嫁とは違って二十歳の若々しさには、初々しいところが欲しいのです。同じ振袖姿でも、京都の舞妓さん、江戸の半玉《はんぎょく》さんとは差がないといけません。

お嬢様方は何も知らないからカタログ写真を見て意匠が美しいのなら何でもいいと言うそうです。大阪の有名な美容室の先生の話ですが、貸衣装の中においらんの姿があって、母娘が、この衣装で成人式をしたいと申し込まれたとか。美容室では「玉三郎の芝居は美しいけど、お嬢さんをおいらんにしてはいけません」と叱った由、母親は叱られてもよく意味がわからないようだった、とまた嘆いていられました。

晴着の薄着は寒くても、普段着のきものは下着次第でとても暖かいものです。きものは下着を隠してくれます。いつも和服で通している方にお尋ねください。膝は幾重にも上前の身頃に包まれて暖かいので、冬のきものは大好きです。

菜の花

菜の花の黄色い花が一面に咲いているのを見ると、「朧《おぼろ》月夜」の小学唱歌が思い出されます。子供のときは意味もよくわからないまま歌っていたので

菜の花

すが、昔の唱歌は美しい歌詞でした。近頃は季節の味で色も楽しめるものが売り出されていますが、「菜の花漬け」は古くから京都の洛北から売りに来ていました。

昨今では各地の菜の花が短く切り揃えて小束にして売ってあります。季節の花を食卓に上げるのは単純なほどうれしいもので、澄まし汁に少々のせてあるだけでも春の花を摘み入れる喜びがあります。

柚子《ゆず》の実の黄色は香がありますが、菜の花は黄色と緑の葉だけの野のものです。咲ききらないうちに塩漬けにしておいて、夏まで少しずつ食べたものです。やはり日本の食膳には、歳時記にある山野の緑のものを趣向を凝らして使ったようです。

きものや帯の模様に、梅や桜のような樹の花はよく使いますが、野の花は少ないのではないかという人がありますけれど、能装束には菫《すみれ》や蒲公英《たんぽぽ》など野草を織り出したものがあります。狂言の肩衣《かたぎぬ》に付けてある紋は、蒲公英と雪輪です。

菜の花畠に　入日薄《うす》れ
見わたす山の端《は》　霞ふかし
春風そよふく　空を見れば
夕月かかりて　におい淡し

（作詞／高野辰之　作曲／岡野貞一）

東京に住むようになった頃でした。「菜の花会」という森田たま先生を中心にした会がありました。今では昭和時代の随筆家として名を知る人とまったく知らない若い人があります。

私は『もめん随筆』（一九三六年）、『きもの随筆』（一九五四年）、『きもの歳時記』（一九六九年）など、六十冊以上の本を読ませていただきました。毎年早春の「菜の花会」のホテルの会場は菜の花で飾られ、きもの随筆の作家の周りには美しいきもの姿の婦人が集まっていられました。一九七〇年に森田たま先生は、お亡くなりでしたが、その頃のパーティにおいでになる和装は皆、見事な訪問着ばかりでした。

過ぎた日を懐しむのは、年寄りの繰り言と言われそうです。しかし食べ物も時代につれて味付けが変わってきました。塩分や糖分の多いものを敬遠するようになり、菜の花漬けも、薄味の一夜漬けにして小袋のできあいを買うようになりました。それもよいと思います。

今、料理の本がたくさんあり、味は写らないものですから、ほとんど生の野菜を色美しく見えるように油を塗ることや、湯気の立つようにすることも簡単にできますので、美味しそうなカラー写真が仕上がっています。

古くなった漬け物の塩分を水で洗った後で、生薑《しょうが》を刻み込んで味を調えてから醤油をたらし、煎り胡麻で風味を添える、というような時間をかけるのは、古いかもしれませんけれど、家庭の味として深みがあるものです。

菜の花漬けの黄色の浅い色も、古漬けの色もそれぞれの味があるように思われます。

十三詣《まい》り

近年では東京でも「十三詣り」が浅草寺《せんそうじ》などで行われるようになってきましたが、昭和初期までは、主として京都や大阪などの数えで十三歳になる少年、少女が盛装して、洛西嵯峨《さが》の法輪寺の虚空蔵《こくうぞう》さまへ参詣する行事でした。

昭和十六年以降の戦時中は、晴着を着ることはなく、学級の一同が先生に引率されて十三詣りをしました。私のときは昭和七年でしたので、京の染織関係の家では、娘に晴着を作るくらいは当たり前で、別に衣装比べとは誰も思いません。手描き友禅、型友禅染、絞り染などと二年ほど前から心づもりして、ゆっくり図柄に凝り、十三歳から大人と同じ裁ち方の振袖を作りました。現代の成人式の振袖は三尺ほどの大振袖ですが、当時は袖丈二尺七寸くらいでした。

その頃の絹の生地は、今よりも生糸が細く薄いので、二枚重ねのきものは、大人用は上下別々に二枚を別の模様に染めました。色留袖のように五つ紋付の手描き友禅染の振袖です。今のように総模様ではなく、袖は袖口から下の部分に模様があり、身頃は帯より下の部分に模様を見せる「裾模様」という晴着です。大人裁ちの振袖に合わせる帯は丸帯です。まだ袋帯はありませんでした。今では七五三の七歳の女児が筥迫《はこせこ》と呼ぶ胸に飾る装身具を用いますが、私どもの

「年中行事絵巻」(12世紀)の中の立涌　二種

十三詣りには筥迫、房付きの扇を持って、まるで花嫁の晴姿の小型のような装いでした。

親は知人に配るお菓子の心配などたいへんそうですが、それが成長した子供を持つ親の楽しみでもあったようです。十三歳の振袖が本裁ちという大人のきものであることに、大切な意義があるのです。肩には「縫いあげ」といって裄《ゆき》が長いのを縫っておいて、やがて裄に合わせてあげの寸法を変えます。十三歳になると胸もふくらみ、女らしく変調を見せます。この年齢のときに母が女としての注意を言い始めます。今の成人式の二十歳では遅すぎると思います。

この行事は四月何日とは定めず、町衆の家の都合のよい日で、お天気のよい日を選んでいます。母娘打ち揃い、桜の季節に嵯峨の渡月橋を歩いて行きます。虚空蔵さまから知恵を授かって、渡月橋から帰るとき、「後ろを振り向いてはせっかく授かった知恵を返してしまう」と親が言います。当時の子は親のいう通りに決して振り向かず歩きました。

よその人の晴着を見ることなく前を向いて歩きました。それは、美しく装う同年の人々に目を向けず、羨ましがらず「よそはよそ」「うちはうち」という常々のいましめだったと思います。

虚空蔵さまのお守り袋にことよせて、ひとつの知恵を親から受けたのだと、大人になって知りました。処世にも心を散らさず、真っすぐに歩くことを教えられたのです。

十三詣りの振袖は二枚重ねの上のきものをお正月に着たり、下のほうにも模様があるので、下のきものだけ別のときに着るなど、ずいぶん楽しみました。

関東にも七五三の次にこの行事があればよいと思います。

葵祭《あおいまつり》のこと

五月の京都といえば「葵祭」。新暦になってからは五月十五日がお祭日で、青葉の賀茂川堤や都大路を、平安王朝時代の装束で御所車とともに、ゆったりと練る行列は、まさに一千年以上も昔の葵祭を描いた絵巻物のようです。『源氏物語』『枕草子』『大鏡』『栄華物語』などに艶麗優美な祭の様子が書かれていますが、昔は京都は「祭」といえば葵祭のことといわれるほどでした。当時は宮中より勅使が派遣され、随員《ずいいん》を従えて、衣冠束帯《いかんそくたい》姿で神社へ参向する行列は盛大で美しかったそうです。

有名な賀茂の競馬《くらべうま》の起源は欽明天皇のときで、国内に暴風雨が吹き荒れたため、馬に鈴を付け走らせ祭礼を行ったところ、風雨が鎮まり、五穀も豊かな実りを見せたと伝えられます。

嵯峨天皇の時（八一〇年）、皇女有智子《うちこ》内親王が賀茂の初代斎王《さいおう》に任ぜられました。伊勢大神宮の斎王に準じる位で、未婚の皇女や王女が奉仕されました。

『源氏物語』の「車争い」をお読みになったと思いますが、御所車を仕立てて祭見物に出掛ける貴人の様が絵巻物にもあります。

平安京が応仁の乱以後に衰微したことで、祭も一端中絶します。元禄七（一六九四）年に再

京型友禅染　赤地に葵
白と淡彩仕上げ

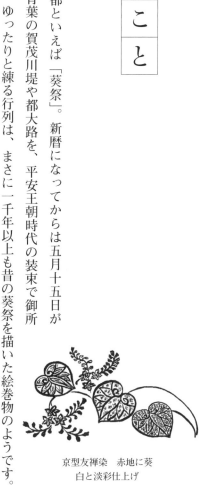

興されたものの、またもや明治に中断、さらに昭和十八年（一九四三）以後は戦争もあり、祭行列は不可能となりました。戦後、京都の民間によって葵祭行列協賛会として復活しました。

昭和三十一年以降、斎王代には京都の良家の未婚の女性が潔斎《けっさい》を行い、禊《みそぎ》をして葵祭に奉仕しています。

神社の御紋になっている二葉葵《ふたばあおい》は、祭の早朝に山で採取したものを、行列に加わるすべての人の冠や髪にかざします。私の子供の頃ですが、御所車《ごしょぐるま》（牛車《ぎっしゃ》）を引く牛が房付きの赤い紐できれいに飾られ、二葉葵を頭にかざしているのを見て、牛さえもおしゃれと、うれしくなったものです。

牛車の屋根には藤の花房、杜若《かきつばた》などの造花の飾りものが、ゆらぎゆれて牛車の軋《きし》む音と馬の足音などが行列の近づくのを知らせます。

ほかの祭は囃子《はやし》など音があるのに、葵祭だけは音のないお祭です。音楽《おと》のない代わりに色彩は豊かです。まるで雛段から降りて来られたかのような晴装束《はれしょうぞく》のお姿の美しさ、牛に添う仕丁《しちょう》の白衣姿、童の赤い水干《すいかん》姿など、目の前を通る絵巻物は、音がないゆえに上品なのかと子供心にも誇らしげに感じたものです。斎王様の髪飾りは独特の白組紐です。書ききれないほど葵祭のお話はあります。

三葉葵《みつばあおい》はご存知のとおり徳川家の定紋《じょうもん》。その形が美しいので文様にもありますが、江戸期には、徳川家に遠慮したとか。現代では、葵文様の型友禅染など美しいきものがたくさんあります。

ところで、五月ともなると一気に汗ばむようです。ひとえの長襦袢にひとえのきものでよいと思いますが、茶事には着るものの相談を前もってなさってください。茶室も今は冷房があります。四月よりもかえって涼しいのですから……。

夏安居《げあんご》―夏の修行

梶の葉船
波の丸に帆掛船
帆掛船

盛夏の昼間といえども、きものを着て出掛けなければならないときがあります。

それでなくても人目を引き、振り返られることが多いきもの姿です。常々、きものですと年齢を問わず女性から見られていると意識していますが、特に盛夏は「この暑いのに、何と涼しげな和装ですこと」と言う人と、「やはり汗を拭きふきで、見るからに暑そうですね」と見られる場合があります。

涼しげに着こなしているときは、何の模様なのかと見るほうにもゆとりがあるようです。

一方では、汗を見せて暑さを表情にも出している場合は、その人のきものを見るよりも、酷暑に耐えようとするこの若い女性（たいてい若いから顔に暑さを見せるのです）が、何のために今日は和装なのか、などと見る側は人の装いを推し図る気持ちになるようです。

衣服は着る人を包むもの。他人は外側を見て「夏を涼しげに装う女性に一陣の風を感じる」などと軽く言います。それでいいのですが、外見が本当に美しいと、その人まで凛《りん》としていると感じるものです。失礼な言い方と思わないでください。普通に考えてみると、夏にきものを着るという女性の姿勢が、その夏衣の姿に表れてしまうようです。暑いときにきちんと透けるきものを着るというのは一日ではできません。

振袖や礼装は着せてもらうから形は整います。

夏のきものは着る人の心構えが透けて見えるようです。このことは年齢が高く、経験も重ねると、黙っていても見ればわかるかと思われます。心の「色模様」が衣服の模様とは別に、着姿に表れるかのようです。

きものを着ると、人柄が感じられるというのは、こわいことかもしれません。でも、夏に改まったきものを着る日が必ずあるものです。それで思い出しますが、夏衣「夏安居」の修行と、若い日に教えられました。子供だったのでまったく意味はわからなかったのですが、「夏の修行」というのは、七月の「祇園祭の宵山《よいやま》」と八月のお盆の「五山の送り火」の夜は、御馳走がたくさんありました。その際、京都の子女は、現代と違って、夏の振袖などの晴着を着せてもらいました。夏の修行といっても、美しいきものを着る程度ですから親のいいつけに従いました。今、振り返りますと平和で実に幸せな時代でした。

親の年齢を超えてしまった今となりましては、多くのことを厳しく教えてくれた親への感謝の念が湧き上がります。気がつかないでいるときはその幸せを当たり前と思っていました。我が国が文化を忘れて戦っていた頃の夏を思うと、現代の夏は、こんなにも涼しく暮らしやすくなっています。若い日の習慣は、毎日の積み重ねから自然に身に着きました。夏衣の手入れも、着こなしも、修行といわれて身に着けたものです。時代は移り、流行は変わり、人々の考えも以前とは違います。でも、お稽古をして身に着けたものは何十年たってもなくならないだけではなく、その人柄の一部分ともなるようです。

秋の行事ときもの

十一月は「口切《くちき》り」の茶事。茶人の正月と言われますように、炉開きの行事とともに、重い茶事が行われる月です。

きものの第一礼装は、既にご存知のように、五つ紋付黒留袖が既婚婦人、未婚女性は振袖または色留袖がよろしいでしょう。

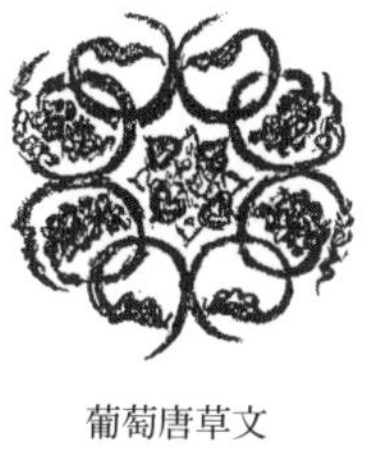

葡萄唐草文

家紋は五つ紋付が最高ですが、近年では三つ紋付の色留袖を作る場合も多くなりましたので、三つ紋付でかまいません。若い人は訪問着の一つ紋付をお召しになることもあります。あまり衣服にのみ拘束されないように、しかし敬意を表すための家紋のないものでは失礼なこととなります。

前もって先生に何を着るとよいかを教えてもらうことです。また、お稽古の日の浅い人はまだ口切りの茶事には出席させてもらえないものです。自分の立場をよく考えることも大切です。小間の茶室の場合は、袋帯を小さめに結ぶようにします。ホテルのような広間のお茶会は別にして、振袖のときも帯は大きく結ばないこと。小間の古い茶室は、その古い壁が大切なものですから、帯を選ぶときは芯の柔らかい帯を。壁を傷つけぬよう小さく結ぶようにと、若い頃には注意されました。

現代の建築では壁面のことなど誰も考えてはいないと思いますが、昭和初期頃には古い和風建築がまだたくさんあり、大切なお部屋を使わせていただくという感覚がありました。

ところで、振袖がすべて大振袖の寸法になったのはまだ近年のことです。昭和初期は今のように総模様ではなくて、上身頃は現在の無地の色留袖のようで、五つ紋付、裾模様と袖下の部分に模様を染めた優しい配色の上品な中振袖でした。袖丈が今日の振袖より三十センチくらい短めでした。茶室ではこのくらいが邪魔になりません。

一月になればお初釜は広い部屋と思いますが、現代の大振袖に変わり結びの帯でも、小さめに結んでもらってほしいと思います。

そして髪形もきりっとしたいものです。最近の流行のように、乱れ髪風にして花飾りというのは、見ていて茶席にはふさわしくないのではないかと気にかかります。

十一月は「七五三」の行事です。子供の成長を祈る節目の晴着には、やはり民族衣装の和服を着てほしいと思います。子供時分にはよくわからなくてもかまいませんが、そのときの家族とともに撮った写真は、一生の宝となるものです。

物心ついた子供が「きもの」を着せられて、面倒と思うのも少しの間です。七五三には必ず正しいきものを着せてあげてほしいもの。

三歳は「紐《ひも》落とし」「一つ身」という裁ち方で、幼児用は一反の生地から三枚できます。五歳の男児は「袴着《はかまぎ》」、七歳は男女とも幼年期最後の通過儀礼です。五歳から、十二歳くらいまでは「四つ身裁ち」と呼びます。すべて肩で縫いあげをします。幼児が子供になるときに、きものを正しく身に着けた写真こそ、長寿などの年祝に家族で見つめる大切な記録となります。

歳末のひととき

　年の瀬ともなりますと、誰もが忙しいものですが、その師走のひとときの忙中の閑、一服のお茶をいただくという「歳末のお釜」があります。年末は着るものにあまり凝らず、そういうお席に出られることに感謝したいと思います。いつものお茶会には着ないような、紬のきものの染めなごや帯でもよろしいでしょう。ご亭主に失礼のないように心配りを。

　この季節のお花といえば椿。若い人から、「よくある花で、椿のきものは、なぜいけないのですか」と質問されます。初釜には柳と椿が用いられています。茶道では重なることを嫌いますから、お席に飾られるに違いないと思うお花や模様は避けるほうがよろしい。冬の茶花として使われるとわかっている椿の花の模様は、遠慮します。振袖の百花の中に椿が入っているのは、特に気にかけなくてもよいでしょう。

　茶室では一輪か二輪の椿。そこへ枝いっぱいの椿の花のきものを着て出ないようにするのは、相手への敬意のひとつと思います。椿の花の図案化した染め帯はお稽古着に。

　十二月になると、初釜に着るもののご用意について、例年書かせていただきました。

　お正月のご挨拶のご祝儀の会ですから、振袖や訪問着、また色留袖を着る人もあります。華

チョコレート

やかに着飾ってほしい行事です。ホテルなどで催される初釜の茶会なら、堂々と晴れやかに、パーティに出るような装いで新春の一日を楽しむとよいでしょう。

お茶会のきものに一つ紋付の色無地が定番のようになりました。以前は、きもの中心の生活でしたから、毎月の模様のきものを用意することもよくありましたが、現代ではそういう生活は贅沢すぎます。洋装の生活のなかで和装がどれだけ用いられているかということです。色無地なら帯を取り替えると気分が変えられます。

洋装ではベルトやサッシュは一枚の服とともにデザインされています。帯は自由にどのきものにも別々にして合わせられるのです。しかも体格やサイズに心配しないで使えます。きもの姿に必要なだけでなく、その人によって帯の結び方が微妙に違ってくるものです。同じ帯でも人が変われば表情が異なります。日舞や歌舞伎の衣装では、帯次第でその役柄の立場や性格まで表現できるといいます。そう聞けば、色無地を個性的に生かすのは帯といえます。

近頃、目についたのは、帯あげの色ですが、手元のあり合わせの古い帯あげが使われています。前では細く出すので見えないかと思うと、案外、脇の部分で見えています。新年にはきれいな色の帯あげをどうぞ、ひとつ。

昔の物語ですけれど、大切な恋文を帯枕の間に隠して、帯あげで結んで持っていたという女の、後ろ姿の艶《つや》やかなこと。

今日では手放せないような、そんな恋文を書き送る殿方がおいでになるか、どうか……。

老婆心で言えば

雛飾りのひとつ
犬筥（いぬばこ）

近頃は、若い人に年寄りが注意をするのが難しくなりました。しかし、私のような年齢になりますと、もう憎まれ役でもよいかと思い、教えるべきことは言い、叱ったり、アドバイスしたりします。今言っておかないと、この若い人は気がつかないままで大人になり、恥をかくかもしれないなどと、よけいな御節介《おせっかい》をしてしまうことがあります。そして、自分なりに恥じて「つい、老婆心で言ってしまいまして、失礼しました」と、おわびしたりします。

この老婆心という言葉は、いつの頃から使われていることやらと、つねづね思っていました。関心を持って「古くからの言い伝え」などを調べていると、わかるときがくるものです。禅語に「老婆親切」とあり、出典は『碧巌録《へきがんろく》』でした。「祖母が孫をかわいがる」という心は、無条件で人を愛する心です。

「仏様が人間を愛すると同じように、祖母が孫を無条件にかわいがるように、誰に対しても広い愛を……。」

孫には曇りのない心で相対していられても、他人には雑念が入り込みます。注意して逆に男の子に仕返しをされて痛いめに遭いたくないとか、お嫁さんには言いたくても遠慮したほうが賢明と思う場合もあるものです。人に優しくするのも、現代は難しいことのようです。人に苦言を呈するのはもっと難しいことです。

十一月は炉開き、口切りの茶事という重い行事があります。そして、師走となれば新年の仕度です。お茶会のきもののことを考えなければならない季節となりました。いつも申し上げることですが、和装の用意は早めにするものです。お手持ちのきものがあるときは、帯や小物だけを新しくすることで昨年とまったく違う装いにできます。洋装と違って和装は毎年同じ品でも、取り合わせ次第で変わった着こなしができます。着こなしとは和装品を選ぶことから始ります。自分の好みの色調の統一を考えておくのも大切です。

同じ吉祥文様のきものや帯でも、十一月とお正月では、着た感じを変えるのは小物の工夫次第。初釜はお正月の祝詞を述べる社交的なお茶会です。近頃のようにホテルや広い会場の場合は、華やかな振袖がふさわしいと思います。中年以上の方は十一月より軽い準礼装の紋付訪問着でよろしいでしょう。

若い人がきものを着ていると注目されます。姿勢よく自信を持って堂々と歩くこと。「きものに着られる」とは衣服のほうが目について、着ている人の印象が薄い場合で、きものに負けてはいけません。「何の模様だったか覚えていないが、とても美しく感じの良い人だった」と言われたいではありませんか。

きもののコートは、今は防寒よりも汚れを防ぐためのもの。私がいつも季節に合わせた素材のショールを使っているのは、汗や化粧品の汚れから、きものの衿元を護るためなのです。

きもの供養

『仏教ではお釈迦《しゃか》様の教えを「経」といいます。経とは縦糸《たていと》のこと、古今を貫いて変わることのない尊い教えという意味です。そして教団生活の規律が「律」で、その律やお経を研究したものが「論」です。』

奈良の薬師寺の管主で、法相《ほっそう》宗管長になりになった高田好胤《こういん》管長のお話を故・江原通子先生がおまとめになった『心流抄』で読み返していたところ、この言葉に深い感動を受けました。深遠な教えを、わかりやすい言葉で説いていただいたのです。

宗教の難しいことは知りませんが、「経」は梵語《ぼんご》の修多羅の漢訳だそうです。「経」という字で、私どもが親しんでいるのは「経糸《たていと》」「緯糸《よこいと》」という織物用語です。

経糸を細部まで注意して織機にかけ渡すことによって初めて緯糸を用いて織物を作ることができます。

現代は機械化され、量産されて、手織りの品は少なくなりました。しかし、和装品だけは、まだ手織りのきもの地や帯が作られています。京都の西陣には、まだ手織りの技を持つ人が仕事を続けておられます。そういう職人さんの年齢が高いことが近年とても心配ですが、本当に美しいものを作る技は、必ず伝承されると信じています。

秋の味

今の若い人は宗教心がないとよく言われますけれど、皆さんがそうとは思えません。よく考えてみますと、親とともに正しい宗教を考え、家族とともに行事として神事や仏事に参加している若い人は多いようです。

「日本人は美しいものを見ると、心の安らぎを感じる」と、鈴木大拙《だいせつ》先生の有名な言葉があります。宗教的な説明はなくても、この言葉を実践している、お稽古に励む人がたくさんいらっしゃいます。心の「安らぎ」は、禅堂にも、茶室にもまた野にもあると思います。

十月は名残を惜しむ月とか、このところお嬢様方から、母親のきものを着るについての相談をよく受けます。体格がよくなって身丈がやや短いという場合は、帯の下に隠れる部分に足し布をして、仕立て直せばよろしいのです。手が長くて裄《ゆき》が合わないのは困りますが、いっぱいの寸法に仕立て直すだけで足し布を加えることはできません。洋服の袖口は手首までの長さですが、きものは少々短くても、着る人の肩の後ろにある肩胛骨《けんこうこつ》を背骨に向かって少々引けば、姿勢もよくなり、裄の短いのは、わからなくなります。肘を曲げ気味に後ろに引くと、袖口が長く感じられます。きものを着たときのしぐさが女らしくなれば、裄の長さも短さも、たいした問題ではなくなります。

亡き母や祖母のきものなどを身にまとうとき、「供養」の気持ちで心安らかに着るとよいでしょう。あるお嬢様が「母のきものを着ているとき、事故から護られていたと感じました」と、言われたことがあります。私は以前から母の品が身を護ってくれていると信じていました。

終わりに

東京や名古屋、京都そして九州の佐賀市などでたびたび和装の講演をさせていただいています。今年は四国の高松でお話しする機会を与えられました。今日まで仕事を続けさせていただきましたことは、誠に幸せでございます。

京都中京区の染屋に生まれた私は、京都の行事や四季折々の和装のしきたりが自然に身に付きました。日本の染色や織物の技術を伝える人々の真摯な仕事ぶりを間近に見ながら育ったのです。きものは、衣《きぬ》を通して長い間培われてきたこの国の文化と伝統の結晶と言えます。今までに聴きとってきた〝衣の声〟、その素晴らしさを語り伝えたいと思います。

本書の出版に際して、「茶道の研究」誌よりの転載をお許しくださった、公益財団法人三徳庵田中仙堂理事長、大日本茶道学会田中仙融教場長のご厚情に深謝いたします。ハースト婦人画報社『美しいキモノ』編集長富川匡子さん、元副編集長西山光子さん、カメラマン世良武史さんに大変お世話になりました。御支援賜りましたすべての方々に心より御礼申し上げます。

二〇一六年十一月吉日

木村 孝

◆協力先（P.73 ～ 81）

今河織物
おはりばこ
おび弘
神田胡蝶
京繡すぎした
キンワシ
絞彩苑種田
榮
志ま亀
織楽浅野
染の川勝
染の北川
染の百趣矢野
多ち花
龍村美術織物
筑前織物
西陣まいづる
菱一
加藤萬
山﨑
龍工房
四谷・三栄

＊本書は公益財団法人三徳庵発行の機関誌「茶道の研究」に1996年から1998年に掲載された「糸へん衣へんのこと」、1999年「衣のこえ」、2007年から2016年「和装のひきだし」「装いの彩時季」、ハースト婦人画報社発行の季刊誌『美しいキモノ』に2015年に掲載した「本当に知りたい季節のきもの」、2016年「季節の色 季節の薫り」を採択、加筆修正し、再構成したものです。

木村 孝

きむら・たか／染織研究家、随筆家。1920年～2016年。京都の染色の家に生まれる。京都新聞の記者を経て、実家の後継者として染色を学ぶ。1954年より染色個展を開催。ニューヨークやロンドン滞在を経て、海外のテキスタイル研究や幅広い視点を生かした執筆、講演などで活躍。2008年、アメリカのスティービー・アワードの女性大賞特別功労賞を受けた。2013年から2015年にはNHK・Eテレ『にっぽんの芸能』にきもの解説者として出演。『木村孝のきものおしゃれ塾』『きもの春秋』（共にハースト婦人画報社刊）、『きものが語る 日本の雅』（ハルメク）など著書多数

＊木村孝さんは本書の最後の執筆・校正が進んでいたなか、2016年11月2日に逝去されました。最後まで机に向かって推敲を重ねていらした木村さんに心からの感謝を捧げ、謹んで追悼の意を表します。

衣《きぬ》の声《こえ》

きものの本流を見つめて

撮影◆
世良武史（P.1～8）

写真協力◆
奥村恵子
中村 淳
藤巻 斉
桂太

ヘア・メイク・着つけ◆
松原志津枝（P. 1～8）
板谷裕實・元田正一（共にITAYA）
奥泉智恵

モデル◆
高橋マリ子

撮影協力◆
松隠亭（P.1～8）

イラスト画◆
石神誉子（表紙・裏表紙）

装幀◆
森 健司（グラファイトライン）

本文デザイン◆
ハースト婦人画報社・デザイン室

協力◆
公益財団法人三徳庵

編集協力◆
西山光子

2016年11月28日　第1刷発行

著者　木村 孝
編集人　富川匡子
発行人　イヴ・ブゴン
発行所　株式会社 ハースト婦人画報社
〒107-0062
東京都港区南青山3-8-38
南青山東急ビル3F
電話 03-6384-5130（プロモーション部）
ホームページ　http://hearst.co.jp/
販売　株式会社 講談社
〒112-8001
東京都文京区音羽2-12-21
電話 03-5395-3580（販売局）
印刷・製本　図書印刷株式会社

ISBN978-4-06-399858-0